• 잡학으로 가까워지는 •

일 본
아는 척하기

저자 **박정석**

- □ 1962년 경북 영천시 출생
- □ 1991년 5월 일본 영주권 취득, 도일
- □ 1993년부터 재일본대한민국민단 현장 근무 5년
- □ 韓1(주) 대표
- □ 2015년 시인 등단
- □ 현재 스카이데일리 일본 관련 칼럼니스트

잡학으로 가까워지는

일본 아는 척하기

저 자 박정석
발행인 고본화
발 행 반석북스
도서 제작·공급처 반석출판사
2025년 1월 10일 초판 1쇄 인쇄
2025년 1월 15일 초판 1쇄 발행
반석출판사 | www.bansok.co.kr
이메일 | bansok@bansok.co.kr
블로그 | blog.naver.com/bansokbooks

07547 서울시 강서구 양천로 583, B동 1007호
(서울시 강서구 염창동 240-21번지 우림블루나인 비즈니스센터 B동 1007호)
대표전화 02) 2093-3399   **팩 스** 02) 2093-3393
출 판 부 02) 2093-3395   **영업부** 02) 2093-3396
등록번호 제315-2008-000033호

Copyright ⓒ 박정석

ISBN 978-89-7172-998-4 (03910)

· 잡학으로 가까워지는 ·

일 본
아는 척하기

반석
북스

머리말

"나가쿠 스메바 미야코 (長く住めば都)"

어떤 의미가 있는 말일까? 일본에서 30년 넘게 살면서 정이 든 말이다. 이 말은 '오래 살면 정이 들어 불편하지 않고 고향 같다'라는 의미다. 필자는 독자들에게 잡학과 함께 일본이라는 이웃의 정을 알게 하고 싶다. 더 좋은 친구가 되게 하고 싶다. 일본에 대한 지적인 대화에 참여하게 하고 싶다.

이 책은 부제인 일본 들여다보기(日本의 잡학으로 지적 대화)에 힘이 실려 있다. 깊이 있고 어려운 학문적인 책은 아니다. 일본에 대해서 조금은 지적 대화에 참여할 수 있는, 살짝 데친 잡학 부류의 책이다. 이 책은 세계를 확인하고픈 청년들이 읽어주기를 희망한다. 진정한 한일관계의 미래의 주역이기 때문이다. 청년들에게 일본에 대한 정보가 부족할 때 가벼운 잡학으로서 먼저 관심을 끌 수 있도록 쓰인 책이다. 청년들은 과거의 정보만 가지고 이념에 휘둘리는 편식을 해서도 안 되기 때문에 바르게 안내하고 싶다.

또 일본을 찾는 많은 관광객도 출발 전 읽어주면 좋겠다. '세상은 아는 만큼 보인다.'라는 명언이 있다. 일본을 아는 만큼 지적 세계는 더 넓어진다. 지적 세계의 연결과 확장 없는 관광은 돈만 쓰는 오락에 지나지 않는다. 명언이 우리에게 남기고 싶은 말은, 나의 성장을 위해 관광을 하기 전 잡학으로나마 공부를 하고 떠나라는 이야기다.

나가쿠 스메바 미야코 (오래 살면 미야꼬(都))라는 의미를 더 살펴보자. 미야꼬(都)는 천황이 사는 수도를 말한다. 시골로 이사하여 오래 살면 습관화되어 수도의 도시처럼 불편하지 않게 잘살게 된다는 말이다. 한국에 '이웃사촌'이라는 아름다운 말이 있는 것처럼. 필자는 전통적 재일동포가 아닌 뉴커머로서 30년 넘게 살고 있다. 일본이 이웃사촌이다. 언어가 다르나 어느덧 도쿄가 불편하지 않고 정이 든 제2의 고향 같은 미야꼬(都)가 된 것이다.

일본과의 관계는 모두에게 소중하다. 대한민국의 발전사에 큰 공헌을 한 전통 재일동포들에게는 더 일본이 소중하다. 디지털 시대에 빠르게 앞서가는 자랑스러운 대한민국, 이제는 일본의 과거사에 매달리지 말고 좀 내려놓자. 이웃을 보는 관점을 바꾸어 보자. 옆 나라가 형편없는 빈국이었으면 어쩔 뻔했는가? 배울 것도 없고 도와줘야 겨우 밥 먹고 사는 나라였으면 어쩔 뻔했는가? 현재 연간 600~800만 명의 한국인이 일본을 방문한다. 이 숫자가 대단한 것은 매년 일본을 관광하며 친구가 되려 하는 숫자로 해석할 수 있기 때문이다. 아리스토텔레스는 "친구가 되려는 마음을 갖는 것은 간단하지만, 우정을 이루기까지는 많은 시간이 걸린다."라고 했다. 마치 한일관계를 염두에 둔 듯한 명언이다. 아리스토텔레스가 염려한 우정도 시간을 단축해 반듯하게 만들어 보고 싶다.

세계에는 좀 불편한 한일관계처럼, 이웃과 어깨동무 하며 다정한 나라는 거의 없다. 정치, 경제적으로나 스포츠도 늘 라이벌 관계가 되기 때문이다. 한일관계는 아픔도 있었지만 서로가 자극을 받으며 발전한, 꼭 필요한 이웃이었다는 것도 부정할 수 없다.

　이 책은 일본 방문자가 600~800만 명의 시대에 일본의 잡학을 바탕으로 지적 대화에도 도움이 될 정보를 제공한다. 이웃을 아는 데는 간단히 보고 이해하는 시각적 즐거움만으로는 많이 모자란다. 잡학은 깊은 학문이 아니지만 흩어져 있는 구슬이다. 그 나라의 문화와 역사를 만들어 놓은 뿌리인 작은 지식이다. 한일 간 국민의 이웃 사랑이, 정치인들의 표 장사에 휘둘려서는 안 된다. 유홍준 전 문화부 장관은 한일관계에 대해서 〈나의 문화유산답사기〉 중에 "한일관계에서 일본은 과거사의 콤플렉스가, 한국은 근대사의 콤플렉스가 있다."라고 명쾌하게 정리해 주었다.

　한일관계가 미래지향적으로 한 단계 발전하려면 왕도가 없다. 한 발 더 다가가려면 서로의 아름다운 문화와 잡학을 알아가는 지적인 활동도 꼭 병행하면 좋겠다. 필자의 글쓰기

는 일본 거주 33년 뉴커머 재외국민으로서 화합을 꼭 이루어
보고픈 사명감의 글이다. 그 사명감을 재미있고 즐거운 일본
의 잡학을 지속해서 소개하며 완수하려 한다. 그리고 이 책은
한국의 근대사 콤플렉스를 없애고 미래지향적 한일관계를 꼭
만들고자 하는 필자의 선언문이다.

벤저민 프랭클린은 "아버지는 보물이요, 형제는 위안이
며, 친구는 보물도 되고 위안도 된다."고 했다. 우리는 일본
의 잡학을 공부함으로써 세계에 보기 드문 우정의 보물을 만
들고 위안도 되는 이웃이 되면 좋겠다. 이러한 실천이 있을
때 우리가 모두 지향하는 진정한 미래지향적 한일관계가 만
들어지는 것이다.

끝으로 이 책을 가족에게 바치고 싶다.
먼저 30년 넘는 세월을 강한 성격의 한국인 남편을 만나
살아온 일본 아내에게 바친다. 언제나 힘든 일을 피하지 않고
니이가타인의 성실함으로 묵묵히 헌신해주어서 감사를 드린

다. 자식은 아들만 셋인데 모두 일본에서 태어났고 동경 한국 학교를 졸업하고 장남과 차남은 한국의 육군과 해병대를 보 냈다. 물론 가지 않아도 법적으로 문제가 없었다. 오히려 군 대에 갔다고 하면 주위에서 눈을 똥그라니 뜨고 본다. 아비는 군대를 보내기 위해서 1박 2일 온천 관광지 예약을 하고 설 득 작전을 치밀하게 준비를 했었다. 묵묵히 아비의 뜨거운 애 국심에 설득 당해 준 아들들 덕분에 '애국자'라는 금배지를 아비의 가슴에 달아주었기 때문에 더 감사드린다.

박정석

목차

추천사

– 한·일 관계를 위한 지적 탐구의 결실

조정진

스카이데일리 대표이사 · 북한학 박사

대학생이던 1985년 일본에서 열린 한국 · 일본 대학생 세미나에 참석한 일이 있다. "한 · 일 관계 개선을 위해선 전후(戰後)에 태어난 젊은 세대가 '창조적 지식인 그룹'을 구성해야 한다"는 주제로 발표해 한 · 일 대학생들의 호응을 얻은 기억이 생생하다.

열흘 가까이 일본에 머물며 일본 대학생들과 격의 없이 지냈다. 마침 일본에서 열린 쓰쿠바박람회도 참관했다. 기차에서 바둑을 둘 수 있을 정도로 진동이 없는 자기부상열차를 처음 접했다. 밤낮 시위만 하던 한국에서의 대학생활과 완전 딴판인 일본의 눈부신 경제 · 기술발전에 경의를 표하지 않을 수 없었다.

당시 함께 세미나에 참가했던 한국 대학생 중 상당수는 그 후 남학생은 일본 여성과, 여대생은 일본 남성과 결혼했다. 본격적인 한 · 일 국제결혼의 시초였다. 머리가 희끗희끗해진 지금도 그들과 사회관계망서비스(SNS)로 연결돼 소식을 주고 받고 있다.

공교롭게 동갑내기인 박정석 선생과는 수년 전 SNS에서 우연히 알게 됐다. 2019년엔 사단법인 물망초(이사장 박선영) 주최로 일본 의회에서 열린 '재일교포 북송 60주년 기념 세미나' 장소에서 처음 만났다.

일본 여성과 결혼해 일본에서 30년 넘게 거주하고 있는 박 선생은 세 아들 중 두 명을 대한민국 육군과 해병대에 보냈고, 막내는 한국에서 유학 중이라 했다. 세상에 이런 애국자가 어디 있나. 비록 몸은 일본에 살지만 마음은 늘 대한민국 바라기다.

박 선생도 20대 때의 나처럼 미래지향적인 한 · 일 관계의 중요성을 강조하며, 이를 위해 꾸준히 노력하고 있었다. 대화를 하다 박 선생이 일본 문화와 역사에 깊은 관심을 갖고 글쓰기를 하고 있다는 사실을 알게 됐다. 몇 편을 보여달라고 해서 검토했다.

박 선생의 글은 교수들의 딱딱한 논문체도 아니고, 육하원칙에 충실한 기자들의 건조한 기사체도 아니었다. 직업 작가가 아니기 때문에 투박하지만 솔직했다. 그러면서도 깊이가 있었다. 그래서 올 봄부터 스카이데일리에 '일본통신원' 자격을 부여해 '박정석의 도쿄타워'란 칼럼을 받고 있다.

박 선생이 자신의 지식과 생각을 담은 책을 출간했다는 소식을 듣고 매우 반가웠다. 그의 책은 일본에 대한 한국 사회의 민감한 정치적 이슈를 넘어서, 일본을 이해하려는 진지한 노력의 결실이다.

한국에서 일본에 관한 책을 출간하는 것은 타산적으로 어려운 일이지만, 저자인 박 선생과 출판사 사장은 큰 결단을 내렸다고 생각한다. 정확하고 공정한 시각으로 일본을 다루려는 사명감을 출판사 사장님이 제대로 평가했다는 느낌이다.

책 제목인 '일본 아는 척하기'는 그 자체로 매우 독특해 흥미를 끈다. 책은 일본에 대한 '잡학'을 바탕으로, 우리가 평소 알지 못했던 흥미롭고 중요한 사실을 제공하며 일본에 대한 이해의 폭을 넓혀준다.

일본 관련 베스트셀러들이 대개 특정 테마를 중심으로 구성된 반면, 이 책은 다양한 잡학을 통해 일본을 깊이 이해할 수 있게 해준다. 물론 잡학이라 해서 결코 가벼운 내용이 아니다. 부제인 '잡학으로 가까워지는'을 보면 알 수 있듯, 책은 지적으로 도전적이고 심오한 내용을 다룬다.

예를 들어, 일본의 상징인 후지산의 정상은 국유지가 아니라 사유지라는 사실, 에도 시대에 이미 공중화장실이 존재했고, 부자들의 배설물이 값비싸게 거래되었다는 역사적 사실은 우리의 상식을 넘어서는 놀라운 정보다.

또한 일본 천황에 대한 이야기에서는 일본인들이 신(神)으로만 알고 있던 천황이 더글라스 맥아더 원수에 의해 '인간 선언'을 강요받은 사건을 통해 천황의 위상과 일본 역사에서의 의미를 재조명하게 된다.

박 선생은 일본의 국호가 두 번 탄생했다는 독특한 역사적 분석을 펼치며, 일본 역사학자들도 놀랄 만한 통찰력을 제공한다. 이를 통해 일본에 대한 새로운 이해를 이끌어내고 있다.

한·일 관계는 그동안 정치적·역사적 갈등으로 진전과 후퇴를 반복해왔다. 하지만 디지털 시대와 인공지능(AI) 시대에 접어들며 양국도 새로운 전환점을 맞이하고 있다.

이제는 과거의 아픔에 얽매이기보다는 미래지향적인 관계를 구축할 필요가 있다. 저자가 꿈꾸는 '반일과 혐한 없는 관계'로 나아가는 길이 가능하리라 믿는다. 이는 특정인의 과제가 아니라, 우리 모두의 과제다.

이 어려운 시기에 박 선생의 '일본 아는 척하기'가 한·일 관계를 이해하고 풀어갈 수 있는 중요한 계기가 되기를 바란다. 저자로서 박 선생이 앞으로도 한·일 관계를 위한 지적 탐구를 이어갈 것으로 기대하며, 마음에서 우러나는 응원과 지지를 보낸다.

제 1 장

왜 일본의 잡학인가?

이웃 나라이기 때문이다.

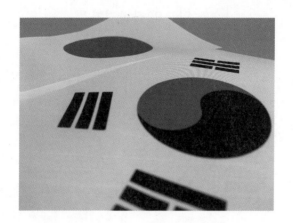

일본 잡학의 시작이다. 잡학(雜學)은 여러 방면에 걸쳐 체계가 서지 않은 단편적이고 잡다한 지식이나 학문을 말한다. 그 기원에 있어 중화 문명에서는 일반적으로 난잡(亂雜)한 학설을 가리키기도 한다. 그러나 잡학은 역사와 문화를 아는 뿌리이기에 일본에 대한 지적 대화로 가는 길잡이가 될 것이다.

먼저 이웃 나라와의 아픔을 살펴보자. 오랜 역사 속 왜구의 피해는 수없이 많았고, 36년이라는 식민지의 아픔은 이웃과의 관계를 깊이 사유하게 만든다. 역사 속 이웃 국가와는 수많은 전쟁을 치렀다. 세계사 속의 대표적 이웃 관계인 유럽의 영국과 프랑스는 유로터널로 연결되어 있어서 관계가 늘 아름다웠던 것처럼 보인다. 그러나 우리보다 더 많이 서로의 피를 100년 동안 흘렸고 아팠다. 특히 미국이 영국에서 독립선언을 하며 전쟁을 치를 때는 프랑스가 영국을 견제하려고 미국에 해군과 육군을 파병하며 군사 지원도 적극적이었다. 이웃 간의 이 불화는 프랑스의 큰 재정 위기를 가져와 프랑스혁명(1789년)을 일으키는 이유가 되었다. 종교는 영국이 개신교도로, 프랑스는 가톨릭으로 갈려 있어서 감정 대립과 전쟁의 역사는 세계사의 한 페이지를 남겼다. 정치적으로 이웃과 관계를 지혜롭게 하는 방법은 미국과 중국의 국교 수립이 돋보인다. 가벼운 탁구 대회로 상대방의 마음을 노크를 했기 때문이다. 한국과 북한과 관계도 늘 스포츠나 이산가족 찾기 등으로 문을 두드렸다. 이렇듯 상대방의 마음 문을 여는 것은 언제나 가벼운 교류로 시작하고 멋지게 이벤트화 하는 것이 정석이었다.

우리는 이웃 나라라고 하면 왠지 〈이웃사촌〉이 생각나서 일순간 마음이 열려 제법 잘해주고 싶은 마음이 생긴다. 그런데 일본이라고 하면 어떤가? 필자도 12년간, 아니 반평생이나 반일 교육의 환경 속에 살았기에 한일 간 지루한 감정싸움이 머리 속을 스쳐 지나간다. 짜증도 밀려온다. 이웃 국가에게 잘해 주어야 한다고 생각하는데, 이웃 나라가 일본이라는 마음에 갑자기 그림자가 드리워진다. 요즘 한국에서는 전통적으로 싫어하는 나라의 1순위가 일본에서 중국으로 바뀌려한다. 이유는 미국과 중국이 으르렁거리며 작지만 강한 한국을 자기들 밑으로 줄을 세우려는 것이 출발이다. 중일 전쟁과 러일 전쟁이 그랬고, 또 황사나 안보와 같은 여러 환경의 변화가 큰 원인이기도 하다. 이렇듯 세계의 역사 속에 이웃나라와 친한 나라가 별로 없다는 사실은 어쩌면 자연스럽다. 중국의 그 1위는 우리의 포용적 역사 인식이 바뀌지 않는 한 얼마

지나지 않아서 또다시 일본으로 순위가 바뀔 가능성이 많다.

필자는 이 책에서 반일과 혐한에 대한 역사와 이유도 밝힐 것이다. 어떻게 하면 "미래지향적 한일관계"란 말을 실천할 수 있을까를 고민하며 글을 쓰려 한다. 지겹도록 정치인들에게 속아 온 단어가 "미래지향적 한일관계"였다. 어느덧 33년의 세월을 新재일동포(뉴커머)가 되어, 실천하지 못하고 더 가까워지지 않는 환경을 보며 아파했었다. 일본의 잡학은 뉴커머 민초가 사명감으로 지일(知日)로 다가서려 하는 글이다. 잡학 속에 꽤 괜찮은 우리의 이웃 일본에 대한 정보도 이야기하려 한다. 이웃나라에 살면서 알게 된 재미있고 가벼운 잡학을 중심으로한 내용을 많이 제공하고자 한다.

테레사 수녀님의 삶에 대한 명언 중에 "생각이 말이 되고 말이 행동이 되고, 행동이 습관이 되고 습관이 성격이 되고, 성격이 운명이 되어 당신의 삶을 결정짓습니다."라는 너무나 유명한 명언이 있다. 결국, 내 생각과 내 말이 내 삶을 결정한다는 말은 누구나 공감 할 것이다. 우리 이웃에 대한 생각의 출발 또한 그러하다. 국력은 키우고, 400년이 넘은 아픔의 출발에 분노하지 말아야겠다. 우리가 그토록 열망했던 〈극일 · 克日〉을 눈 앞에 두고 있다. 역사는 역사가들에게 맡

기자.

필자는 〈소확행·小確幸〉을 믿고 싶다. 우리 이웃에 대한 소소한 잡학을 서로가 공유하며 웃으며 대화하는 모습을 보고 싶다. 우리 모두 잡학으로 〈소확행·小確幸〉의 뜻인 '작지만 확실한 행복'을 이웃에게 느껴보면 좋겠다. 어쩌면 국민들은 실천하고 있는데 정치인들만 표를 의식하며 모른 체하고 있는 것 같다. 모든 관계에는 남에 탓만 하면 끝이 없고 발전도 더딘 것이 세상 이치다. 우리는 이제 자부심을 가져야겠다. 선진국이 된 대한민국 국민들의 말에 품격을 담아 일본에 다가가면 좋겠다.

절대 뗄 수 없는 관계

세상일이 내가 선택한 대로 된다면 얼마나 좋을까. 내 가족도, 내 친구도, 이웃 나라도, 우리 선조들은 임진왜란이 일어나기 전, 고려 시대 때부터 해안은 왜구로부터 몸살을 앓아왔었다. 일본을 멀리 던지고 싶다면 어디가 좋을까도 고민을 했을 것이다. 우리나라 역사를 살펴보면 긴 역사 속에 강자로서의 지위는 한때였다. 약골로서 이민족에게 끊임없이 침략을 받아 온 역사였다. 우리 역사에서 외침을 받은 기록이 자주도 인용이 되는데, 약 1000번이라고 한다. 상세한 팩트의 설명도 없이 너무 과장된 숫자로 교과서에서도 가르치고 있다. 사실 대부분은 해안가를 중심으로 한 왜구의 노략질이었다. 그러니 왜구의 노략질 숫자를 빼면 우리 역사책에 기록되어있는 국가 간 전쟁의 숫자는 약 90회 전후다.

일본 왜구의 본거지는 대부분 대마도(對馬島)다. 역사책에 자주 등장하는 지명이니 좀 더 들여다 보자. 일본말로는 쓰시마(対馬島)라고 한다. 왜구의 배에 탑승한 사람들은 일본인이 많았지만 중국이나 동남아, 심지어 한반도에서 우리 선조들을 잡아가서 해적선에 탑승도 시켰다. 왜구란? 13세기에서 16세기에 걸쳐 한반도나 중국 해안에서 활동한 일본인의 해적집단을 총칭한다. 특히 고려 말에 피해가 심했는데, 약 40년간은 왜구가 창궐했다는 기록이다. 대마도는 원래 신라의 소속이었다는 기록도 존재하지만, 점차 일본인들이 더 많이 정주하면서 일본땅이 되었다는 설이다.

왜구들의 본거지 대마도는 과거에 조선으로부터 다양한 경제적 혜택을 입었다. 조선은 그들의 노략질을 중단시키기 위해서 상세한 조사를 했었다. 대마도는 인구가 매우 적었으며 농토는 매우 척박했다. 농토는 농사 짓기에 적합하지 않았기에 늘 기근을 면하기 어려웠다. 필자도 역사 탐방으로 방문 시 두 눈으로 확인할 수 있었다. 렌터카로 1시간 이상을 달려도 넓은 토지는 보이지 않고 검푸른 바닷가 돌 언덕만이 비바람을 견디고 있었다. 우리 선조들은 노략질을 견디다 못해 고려시대 창왕 때와 조선시대 세종 때 두 번 정벌을 했다. 세종 때는 하도 노략질이 심하니까 제발 가만있어 달라고 식량을 제공하며 달래기도 하였으나 잠시 멈칫 하였을 뿐 허사였다. 인간사에 있어서 지리적 환경이란 이렇게 중요한 것을 실감한 역사 탐방이었다.

국제 전문 저널리스트인 팀 마샬이 쓴 〈지리의 힘〉이라는 베스트셀러를 보면 한반도의 지정학의 중요성에 대해 언급

되어있다. 지정학적 가치로 인해 우리 선조들의 애환을 생각하게 했다. 〈지리의 힘〉에서는 전쟁과 경제의 흥망과 빈부의 격차가 그 나라가 어느 위치에 있느냐에 따라서 만들어진다고 했다. 근대사 속 우리 주변의 전쟁 중, 1894년의 청일 전쟁과 1904년 러일 전쟁이 있었다. 모두 일본이 승리를 했다. 1868년 메이지 유신의 적극적인 서양 배우기, 즉 서구화의 성공이 승리를 가져왔다. 이 두 전쟁은 지정학적으로 중요한 한반도를 차지하기 위한 전쟁이었다. 일본은 역사적으로 늘 북방 위협론을 가지고 있었다. 러시아와 한반도가 그 대상이었다. 일본은 힘이 커지면서 한반도가 그들이 원치 않는 국가에 지배 받는 것을 좌시하지 않았다. 그 피해는 고스란히 선조들의 아픔으로 돌아왔다. 이런 아픔만 보면 일본이라는 이웃을 멀리 던져버릴 수만 있다면 돌팔매질로 멀리 멀리 남미의 아래나 아프리카의 아래로 던져버렸을 것이다.

인간사에 좋은 것만 가지고 있는 사람이 없고, 반대로 나쁜 것만 가지고 있는 사람도 없다 했다. 세계사 또한 그러하다. 경제사를 놓고 일본이라는 이웃을 보면 어떤가? 우리에게 식민지라는 큰 상처를 준 일본을 찬양하고 싶은 마음은 없지만, 근대화를 이루는 과정에서 일본의 힘은 큰 도움이 되었음을 부정할 사람이 과연 몇이나 될까? 박정희 대통령은 한일 국교 정상화 자금으로 부국의 기초를 튼튼히 다졌고, 일본이 성공시킨 메이지 유신을 접목했다. 김대중 대통령이 한일 문화 개방을 했을 때는 비난이 압도적으로 많았으나 대단히 성공한 정책이었음은 뒤늦게 알게 됐다. 약 10년 전까지만 해도 한국 가수들의 해외 수입의 약 80%가 일본에서 발생되었다는 데이터가 잘 말해 준다. 과거 산업 분야의 의존도는 그 정도가 훨씬 심했다. 대부분의 기업이 산업 연수는 일본에 가서 선진 기술을 배우고 오는 것이었다. 여러 분야의 산업을 배워서 완전히 국산화를 성공시켜 일본을 추월한 업종도 많이 탄생했다.

상기와 같은 여러 환경을 보았을 때, 우리는 시대에 따라서 지리적 환경으로 아픔을 겪었고, 또 다른 시대에는 일본이라는 이웃이 있어 부의 초석을 닦는 지리적 환경이 되었다. 한일관계는 절대 뗄 수 없는 관계다. 도망갈 수도 없고 떼어서 멀리 버릴 수도 없는 것이다. '피할 수 없으면 즐겨라' 이 명언은 미국의 심장 전문 의사 로버트 엘리엇이 그의 저서 〈스트레스에서 건강으로-마음의 짐을 덜고 건강한 삶을 사는 법〉에 적혀있다. 이 명언이 어찌 건강에만 해당되는 말이겠는가?

시대가 바뀌고, 세대가 바뀌었다.

한국이 바뀌었다. 일본도 바뀌었다. 시대와 세대 모두가 바뀌었다. 시대가 바뀌었다는 것은 세계의 패러다임이 바뀌었다는 것이다. 패러다임이란 한 시대의 인간 사고를 지배하는 인식 체계를 말한다. 어떤 시대의 과학·사상·산업 등의 발전으로 인해서 사물을 보는 관점이 달라졌음을 이야기한다.

철기 시대가 그러했고, 산업 혁명이 그러했다. 1, 2차 세계 대전으로 인해서 지형이 바뀌었다. 사상에 있어서는 루터의 종교 혁명이 그러했다. 세계의 패러다임이 바뀌니 한일 간 패러다임도 바뀐 것이다. 한일 간에 바뀐 것은 지배자와 피지배자에서 독립된 평등한 국가로 바뀌었다. 일본에서 피지배자로 있을 때는 약자로서 조센징이라며 서러운 별명을 달고 다녀야만 했다. 조센징(朝鮮人)이란? 한자어의 뜻은 조선인이지만 프레임이 씌워진 이름이다. 천한 사람들이고 마늘 냄새 나는 비문명인을 상징하는 이름이었다. 그들이 경멸하는 마늘 냄새는 우리의 전통 식문화에서 가져온 김치 냄새였다.

옛날에 일본의 고깃집인 야끼니쿠야(燒肉屋)는 당연히 천한 조센징(한국인)이 운영했다. 일본의 식문화는 약 1200년간 육식을 금지하였으며, 메이지 시대 서양 문물이 들어오면서 육식 해제령이 내렸지만 보급에는 육식 문화를 가지고 있던 조센징(한국인)이 선두에서 함께 개척한 셈이다. 지금도 재일동포들이 일본의 고깃집인 야끼니쿠야(燒肉屋)를 많이 운영하고 있으나 어느덧 일본인 사장이 더 많아졌다. 그 정도로 야끼니쿠는 크게 확산하여 현재 전국에 약 19,000점포로 일본 요리 속에 한 분야로 완전히 자리를 잡았다. 한류 붐이 정착화된 지금은 편의점에서 김치를 팔고 있고 한국을 좋아하는 사람들 집 냉장고에는 김치와 도시락용 김까지도 귀하게 자리를 차지하고 있다.

한국도 많이 발전했다. 일본이 종종걸음을 걷고 있을 때, 빨리빨리 걷기도 달리기도 하였다. 일본은 오래전부터 선진국이었으나 이제 한국도 선진국으로 진입하여 어깨를 나란히 하고 있다. 김대중 대통령 시대에 와서는 더 많이 달라졌다. 일본으로부터 일방적으로 문화를 수입하는 후진국이었다가 한류 문화를 수출하는 문화 선진국이 되었다. 1998년 10월 8일 김대중 대통령과 오부치 게이조 일본 총리가 채택한 '21세기 한일 파트너십 공동선언'을 발표한 것이다. 과감히 한일 문화 콘텐츠의 수출입과 교류의 빗장을, '일본 대중문화 개방'이라는 분명한 메시지로 풀어 버린 것이다. 이 조치는 근대사 한국의 콤플렉스를 날려버리는 새로운 시대로 진입을 알리는 신호탄이었다. 당시 한국과 일본의 경제계에서도 환호하며 약 20억 원을 조성하여 '한일, 일한 미래 파트너십 기금'을 창설했다. 경제계도 정치계와 함께 새로운 시대로 바뀌고 있음을 두 손 들고 환영 했던 것이다. 대통령은 당시에 일본과의 문화 개방을 앞두고 대단한 반대에 부딪히며 모 언론사 기자에게 우리 문화에 대한 자신감을 털어놓았다. "중국의 변방에 있으면서 중국에 흡수되지 않은 것은 우리 민족의 문화 창조력에 있다. 왜 문화를 개방하면 일본에 먹힌다고 생각하는가?"

사실 일본의 문화 콘텐츠는 대중문화 개방 전부터 인기를 끌었다. 즉 해적판 영화나 드라마가 국내에 비디오로 녹화되어 인기를 끌고 있었다. 김대중 대통령의 선견지명은 오늘날 다시 생각해도 대단히 성공적인 일본 대중문화 개방이었다. 세대가 바뀌었다. 지도자의 선견지명은 탁월했다. 서서히 일본에서 '화향백리 주향천리 인향만리'처럼 멀리 한류의 향기가 현해탄을 건너고 있었다. 일본 국내에는 상업 위성방송이 본격적으로 시작되었고, 한국 드라마 전용의 KN-TV라는 채널도 생겼다. 겨울연가 드라마로 시작된 한류는 배용준의 수려한 마스크와 드라마의 재미에 반한 아줌마 부대가 만들어져 모든 방송국이 한국 드라마를 경쟁하듯이 방영하며 붐으로 이어졌다. 여기에는 한국 드라마 스토리의 우수성이 절대적이라며 일본 방송사들도 모두가 공감하였다. 한국은 드라마가 본격적으로 수출되면서부터 세대가 바뀐, 조센징이라고 무시하지 않는 젊은 신세대 일본인들에게 우리의 생활 문화가 크게 확산되기 시작했다.

드라마와 더불어 가수들의 활약도 대단했다. 이는 세대가 바뀌었음을 더 명확히 보여 주었다. 겨울연가 팬인 중년 아줌마 세대에서 10대에서 30대의 젊은 층으로 변화가 순조롭게 이루어진 것이다. 코리아타운인 신오쿠보의 상인들은 가슴을 쓸어 내리며 쾌재를 불렀다. 코리아타운 상인들은 일시적 한류로 끝날까 봐 가슴을 졸이며 장사를 하였기 때문이다. 시대가 바뀌었고 세대가 바뀌어 가고 있는 것이다.

1차 한류 붐이 시작될 때, 필자가 법인을 설립하여 위성 방송 설치 공사 시 재일동포 3세 고객 집에서 들은 생생한 이야기를 소개한다. 그동안은 인터넷 블로그 등에서 일본명을 쓰며 위축된 글쓰기를 했으나 용기를 내기 시작했단다. "실은 나는 재일 한국인입니다." 라고 글을 올리자, 바로 "와우 부럽다~" 라는 댓글에 가슴이 뭉클했다고 한다. 그동안 일본 사회에서 당당하게 목소리를 못 냈는데, 발전한 조국 덕분이라는 생각에 많은 생각을 하게 되었다고 했다.

한국의 국력에 대해 뿌듯함을 느낀 것이다. 시대가 바뀐 것을, 세대가 바뀐 것을 우리는 얼마나 의식하고 있을까? 코로나 전에는 한류를 좋아하여 무박 2일의 여행으로 공항에서 쪽잠을 자며 저렴한 새벽 비행기를 타고 들어오는 일본의 젊은이들이 많았다. 명동과 남대문에서 쇼핑하고 싶고 홍대에서 술 한 잔을 걸치고 싶어 하는 사람들이 넘쳐났다. 앞으로는 더 많이 올 것이다. 일본인들의 여권 소유율은 약 20% 밖에 안 된다고 하니 말이다. 일본 거주 33년의 필자에게 다양한 한국의 드라마나 잘생긴 남자 배우들의 정보를 물어 올 때면 "나는 정보를 잘 아시는 한류 팬들에게는, 가르쳐줄 수 있는 정보가 별로 없어요" 라며 도망가기 일쑤였다. 또 한국말을 너무 하고 싶어서, 할머니가 필자에게 드라마 흉내를 내며 "오빠 ~ " 라며 얼굴을 붉히는 나라다.

이제 우리는 이웃을 보는 관점을 바꾸자. 잡학을 읽으며 일본을 더 좋아하는 사이가 되면 좋겠다. 또다시 명동과 남대문, 동대문에서 넘쳐나는 우리 이웃인 일본인 관광객을 많이 보고 싶다. 시대가 바뀌고 세대가 바뀌었음을 정확히 알고 마음껏 누리고 싶다.

제 2 장

일본, 어디까지 아시나요?
입문편

도쿄는 왜 도쿄일까요?

"도쿄는 왜 도쿄일까요?" 도쿄(東京) 지명의 유래를 묻는 말이다. 일본인들도 잘 모르는 사람들이 제법 있다. 일본에서는 1000년간 교토(京都)가 수도였다. 다시 한번 묻는다. 왜 도쿄(東京)는 도쿄인가? 한문 경(京)이 교토(京都)와 도쿄(東京)에 함께 들어가 있다. 눈치를 챈 사람이 있을까? 이유는 교토(京都)라는 이름과 천황(天皇)과 관계가 깊다. 결론은 도쿄(東京)가 수도 교토(京都)보다 동(東)쪽에 있기에 만들어진 지명이다. 그래서 애착을 두고 동(東)쪽의 교토(京都)라는 의미를 부여하여 에도로 천도하여 이름을 변경한 곳이 도쿄(東京)다. 여기에 천황이 거주하므로 도쿄(東京)는 완전한 수도가 된 것이다.

일본에서는 가마쿠라 막부 이래로 천황은 늘 쇼군에게 힘에 눌렸다. 천황의 경제력은 쇼군으로부터 여유 있게 배려를 받지 못하고 작은 현(번藩) 규모였다. 다만 형식적으로 쇼군의 임명권은 가졌다. 현재도 천황은 신임 총리가 선출되면 임명장을 수여한다. "도쿄는 왜 도쿄일까요?"라는 또 다른 의문으로 북경(北京)을 떠올리게 된다. 일본도 같은 한문 문화권이니 많은 세월을 같은 중화 문화권의 영향권에 있었다. 북경

(北京)이란 지명은 명나라 3대 영락제가 1402년 이후 재위 하면서 명명한 것이다. 중국에는 예로부터 많은 나라가 있기 도 했으나 동경, 서경, 남경, 북경(京)이 존재했고 경(京)은 수 도를 상징하는 일반 명사였다. 같은 중화 문화권 영향을 받은 서울의 옛 이름도 경성(京城)이었고 경성(京城)은 조선 이전 고려 434년간의 수도로 개경(開京)이라 다르게 불렸던 수도 다.

도쿄(東京)를 더 깊이 알아보자. 도쿄(東京)는 언제 생겼 나? 언제 개칭되었나?

일본 역사를 보면 도쿄의 옛 명칭은 도쿠가와 이에야스가 지배하던 에도 막부의 수도의 기능을 하는 거점 도시가 에도 (江戶)였다. 에도(江戶)는 그 유명한 왕정복고(王政復古)의 깃 발로 막부가 타도되고, 역사 속에 힘없이 숨만 쉬고 있던 천 황을 전면에 내세우며 에도의 지명도 천천히 역사 속으로 소 멸하였다. 막부라 함은 천황을 신앙적 위치에 두면서 12세기 에서 19세기까지 국가를 다스린 무사 정권을 말한다. 1868 년 1월 3일 에도 막부를 폐지하고 메이지 시대가 열렸다. 새 정부의 수립을 선언한 정변이었다. 천황은 4월 6일 메이지 정부 기본 방침을 발표하고 큰 변화가 사회 전반으로 확산하

여 갔다. 먼저 신앙을 손보기 시작했다. 오랫동안 민간 신앙
으로 자리 잡은 신도와 불교가 습합이 되어있던 것을 분리하
는 발표를 했다. 전국 곳곳에서 불상이 목을 잘리며 불교가
탄압받기 시작한 것이다. 이때 1000년 수도였던 교토(京都)
에서 에도(江戸)로의 천도를 함께 발표했다.

17세기 세계적 도시 에도의 선물시장

수도를 옮기는 것을 천도(遷都)라 하는데, 에도(江戶)로 천도가 쉽지 않아서 메이지 정부 수뇌진은 은밀한 작전을 폈다. 당시 교토의 오랜 귀족들의 반발이 컸기 때문이다. 일단 귀족들의 반발을 잠재우기 위해서 "에도 또한 도읍지이다."라고 선언만 했다. 그리고 숨은 카드를 하나씩 꺼내며 "에도 또한 새 정부의 도읍지가 된 이상 천황은 에도에서도 행정을 수행할 필요가 있다"며 메이지 천황의 이동 계획을 서둘렀다. 메이지 천황은 1868년 11월(메이지 원년 10월)에 구(舊) 에도 성에 들어갔고 에도 이름도 정식으로 도쿄(東京)라고 이름을 바꾸어 불렀다. 그 후 교토의 귀족들을 의식하며 천황이 한번은 은밀한 작전으로 교토에 돌아온다. 1869년 5월(메이지 2년 3월)에 다시 에도로 도쿄로 이동하였으며, 태정관(太政官) 또한 이동하여 천도를 마무리했다. 그런데 아직도 교토에 국민적 애착이 남은 것일까? 1956년에 수도권 정비법이 시행 도중에 폐지되면서 도쿄도는 법적으로는 일본의 수도라는 근거가 없어져 버렸다. 우리 상식으로는 2018년에 국회 답변이 웃긴다. "수도를 도쿄라고 직접 규정한 법령은 없지만 도쿄도가 일본의 수도라는 것은 사회 일반적으로 널리 받아들여지고 있다고 생각한다."가 일본 정부의 공식 견해다.

좀 더 자세히 명칭을 보면, 천도는 도쿄로 일찍 했으나 행정적 이름이 조금씩 변했다. 오늘날의 도쿄도(東京都)는 1943년에 되어서야 도쿄 부 府, 도쿄시 市가 폐지되고 난 후 도쿄도가 탄생했다. 또 그 수도의 명칭과 더불어 따라다니는 사회 용어도 교토에서 동경으로 바뀐 것이 '상경(上京)'이라는 용어다. 아는 바와 같이 상경이라는 말은 수도에 가는 것을 "상경한다"고 한다. 지금까지는 1000년 수도였던 교토에 갈 때 사용하던 용어를 新수도 도쿄에 갈 때 쓰게 된 것이다. 그리고 보면 우리가 쓰고 있는, 서울에 갈 때 '상경(上京)'이라는 단어는 일본에서 만들어진 식민지 시대 용어의 잔재라고 추론할 수 있다. 일본에서는 오랜 세월 교토를 갈 때 상경(上京)한다는 단어를 사용해 왔을 것이다. 한편 새로 만들어진 수도 도쿄를 부르는 발음도 굳어지기까지 많은 시간이 걸렸다고 한다. 메이지 시대 중기에 되어서야 보편화되었다. 모 작가가 조사한 바에 의하면 대한민국(한국)이라는 국호도 1948년에 건국되었음에도 약 15년이 지나고서야 처음으로 조선일보에 한국이라는 단어가 등장했다고 한다.

1943년부터 도쿄도(都)의 이름이 포함된 모든 행정구역 명이 오늘날과 같이 확정되었다. 간단한 도쿄의 데이터를 확인해보자. 세계의 도시 별 인구 순위로는 12위다. 파워로는 뉴욕, 런던과 함께 세계 3대 경제 수도의 역할을 하고 있다. 도쿄는 세계의 게임 산업과 만화와 애니메이션 산업의 중심이다. 현재 세계의 TV에 방영되고 있는 애니메이션의 7~80%가 일본이 만든 것이다. 그들의 소프트 파워에 놀랄 따름이다. 그 외에 영상 장비도 뛰어나지만, 일반 영상, 디지털, 첨단 산업 등의 중심지이다. 도쿄도의 행정 구역은 우리와는 제법 다르다. 중심부의 23개 구와 추가로 관리하는 약 40개의 작은 시와 군이 합해진 이름이 도쿄도다. (서울 25개 구). 2020년 기준으로 세대 수는 694.6만 가구, 도쿄 23구의 인구는 약 925만 명이고, 도쿄도 전체는 1400만 명, 도쿄도와 인접한 7개 현인 수도권 인구는 약 4300만 명이다.

후지산 정상은 사유지?

후지산 정상은 국유지일까? 사유지일까? 일반적으로 전국의 모든 산들은 국유지이니 혹자는 바보 같은 질문이라고 할지도 모르겠다. 결론은 후지산이 국유지이나 정상만 사유지다. 일본인도 잘 모르는, 외국인은 더 잘 모르는 후지산 정상의 신앙과 연계된 잡학 이야기를 더 폭넓게 알아보자.

먼저 간단한 후지산 정보를 보면 일본의 최고봉으로 약 3776m다. 일본 최초의 국립공원인 엄청난 크기의 후지 하코네 이즈 국립공원의 일부이다. 후지산은 산맥까지 보면 실로 엄청나게 크다. 그 산 아래에 있는 고속도로를 달려보라, 엄청난 크기에 기가 죽는다. 후지산의 행정구역상 주소지는 시즈오카 현(켄)과 야마나시 현(켄) 두 현이 접하고 있어서 서로 자기네 산이라고 주장하고 있다. 후지산은 모든 일본인이 생각하는 영산(靈山)이니 그들의 자존감이다. 그 높이는 3776m로서 금방 감이 오지 않겠지만 우리 민족의 영산인 백두산이 약 2744m 정도, 한라산이 약 1950m 정도이니 차이가 확 느껴진다.

후지산의 풍경은 참으로 아름답다. 매해마다 연말이 되면 다양한 달력에 후지산의 사계절 사진이 화려하게 등장한다. 그러나 직접 등반을 해본 필자에게 물어본다면 아름답다는 표현은 너무 과찬이라고 하고 싶다. 모두가 "아름답다, 아름답다"고 하니 마치 한눈에 반할 아가씨인 줄 알고 조심조심 다가가 보았다. 오른쪽에서 보고 왼쪽에서도 보고 오뚝한 코도 보고 턱선도 요리조리 뜯어보았으나 아니었다. 후지산은 아리따운 아가씨 미모와는 거리가 멀었고 중후한 모습이 더욱 강했다.

일본인들의 아름답다는 찬사는 다만 멀리서 감상했을 때 느낌이다. 그들이 아름답다고 하는 것은 고귀한 민족의 영산이고 최고 높이라는 프라이드를 합한 풍경을 표현한 것이다. 실제 후지산을 오르다 보면 올라갈수록 지천으로 널려져 있어야 할 벌과 나비가 찾아오는 꽃다운 꽃도 나무도 거의 없다. 사진작가들도 멀리서 찍은 사진이 대부분이다. 결코 후지산을 비판할 의도는 없지만 등산로에는 작은 돌들로 가득하고 삭막하다. 온통 300년 전 용암이 마지막으로 토해낸 검붉은 화산재로 역사를 느낄 수는 있지만 일본에서 제일 높은 곳을 올랐다는 기쁨에 위안만 받을 뿐이다. 설악산과 같은 멋진 봉우리가 있는 것도 아니고 내장산과 같은 단풍이 화려하지도 않기에 가까이서 보는 힐링은 추천할 곳이 아니다.

후지산 땅의 역사를 알아보자. 후지산은 1천만 년 전에는 해저였는데 융기하였다. 이는 지진과 관련이 있다. 일본 국토는 4개의 지진 판이 깔려있다. 유라시아 판, 북아메리카 판, 필리핀 판, 태평양판이 맞물려 있기에 늘 지진의 영향권에 있다. 후지산이 저렇게 높이 융기한 것은 필리핀해 판이 점점 북상하자 현 후지산의 북쪽과 동쪽에 있는 미사카 산지와 단사와 산지가 혼슈(제일 큰 본토)에 충돌하며 솟아 올랐다. 백두산보다 높은 후지산이 지진 판이 부딪쳐서 만들어졌다는 지구의 역사 앞에 놀라울 따름이다.

후지산의 활화산 역사는 약 10만년 전부터 시작되었다. 최근의 기록으로는 300년전에도 있었다는 기록이 있다. 활단층 개수는 2000개 이상으로 늘 움직이고 있다. 역사적으로 대지진은 많지만 최근의 한신 대지진이 있었고 동일본 대지진이 있었다. 이렇게 대지진이 끊이지 않는 일본에 또 큰 걱정이 생겼다. 일본 정부는 2050년 전후에 상상을 초월하는 지진이 올 것이라고 발표했기 때문이다.

일본은 국토 전체가 지진으로 인한 활화산 지형으로, 전국에 높은 명산과 유명 온천이 산재해 있다. 후지산 능선 아래에는 하코네 온천과 아타미 온천 지역이 유명하다.

일본의 최고봉 3776m를 필자는 2015년에 친구들과 4~5시간이나 걸려서 정상을 올랐던 특별했던 그때가 갑자기 떠오른다. 그날 우리는 휴대용 산소통과 간식과 물통을 배낭에 넣어서 헉헉거리며 급경사를 오르는데 운동용 반바지만 입고 배에 두르는 작은 가방만으로 오르는 젊은이 몇 명을 보았다. 그들의 후지산을 오르는 준비 상태와 스피드에 놀라 어떤 목적으로 오르는 사람들인가 물어보았다. 대답은 대학교 장거리 운동선수들이라고 했다. 등산과 하산에 걸리는 시간 질문에, 등산은 1시간, 하산은 30분이라는 소리에 기겁하고 웃고 말았다.

후지산 정상은 국유지일까, 사유지일까를 다루는 이유는 단순한 부동산적인 잡학이 아니다. 이 질문과 답변 속에는 일본의 문화와 역사가 들어 있고, 종교학이 들어 있기 때문이다. 후지산은 지리적으로는 도쿄에서 두 시간 거리인 야마나시현(山梨県)과 시즈오까현(静岡県)을 접하고 있다. 그러나 산의 정상은 어느 현에도 속해있지 않다. 지도상에 8부 능선의 아랫부분은 특정 현에 속해 있지만 8부 능선 위는 사유지인 것이다. 이 불가사의한 후지산의 정상은 후지산을 신(神)으로 모시는 센겐진자(浅間神社 신사)의 사유지인 것이다. 정식 명칭은 후지산 혼구센겐타이샤(富士山本宮浅間大社)이다. 이 신사 산하에는 전국에 약 1300곳이 등록되어 있다. 우리가 알고 있는 일본의 신사는 전통 종교인 신도의 건물로 이해하면 된다. 마치 기독교의 건물이 교회와 성당인 것처럼. 신사는 기독교처럼 유일신을 모시는 신앙이 아니다. 신사마다 모시는 신이 전부 다르다.

후지산 정상을 소유하고 있는 센겐진자(신사)가 모시는 신과 일본 국가가 후지산을 증여한 이유를 알아보자. 센겐 신(浅間 神)이란? 역사적인 자리매김은 신(神)격으로서는 불火의 신이다. 국가에서는 후지산의 분화와 연동시켜 진화를 담당케하는 신으로 격을 인정해 놓았다. 이러한 연유로 국가 소유 국민의 영산 후지산 정상을 공적으로 사용할 수 있는, 함부로 움직일 수 없는 조건하에 센겐진자(浅間神社 신사)의 사유지로 인정한 것이다.

이 중요한 민족의 영산인 후지산 정상의 사유지화가 법적 논쟁이 되었다. 역사를 거슬러 올라가니 에도시대 때부터 사유지의 논쟁이 되어 끝나지 않았다고 한다. 이를 정부가 마무

리 지으려 1974년 일본 대법원에서 판결을 내었다. 그 경과
를 보면 여러 문제가 상존했다. 그중 하나가 어느 현에도 완
전히 속해있지 않음으로써 등기부 등본을 만들 수가 없었던
것이다. 그리하여 2000년대에 들어와서야 일본 정부 총무성
에서 후지산의 정상은 센겐진자의 것이라는 증명서를 발급함
으로서 법적 서류로도 사유지로 완결을 지었다.

일본 부자의 똥값은 비쌌다.

ℛ

일본 부자의 똥값은 비쌌다? 그 시기의 출발은 전국시대부터였다. 사람이 생존하기 위해 섭취하고 배출하는 작용의 결과물인데 '인분'이라 하면 냄새가 별로 나지 않는다. 그런데 왠지 '똥'이라고 하면, 진하게 냄새가 나고 즐겁지 않은 이미지가 그려짐은 언어가 가지는 힘을 새삼 느끼게 된다.

진짜 일본 부자의 인분 값은 비싸게 팔렸다. 세상의 모든 물건값에는 비싸고 싼 것이 있고, 그 이유도 합당하다. 그러나 부자의 인분 값이 비싸다라고 하면 가난한 자에게는 인종차별보다 더 심한 모욕처럼 느껴질 것이다. 방귀 냄새가 심한 사람은 용서할 수 있지만 인분 값이 더 비싸다는 그 이해할 수 없는 이유를 코를 막고 찾아가 보자.

부자의 인분 값이 더 비싸게 된 이유는 전국 시대에서 시작되었다. 부자의 인분이 비싼 이유는 좋은 음식을 먹었기 때문에 기름진 비료가 되어서 농작물에 효과가 높다는 것이 제일 큰 근거이다. 일본에는 기후가 한국보다 벼농사가 더 적합한 기후로서 2모작이 가능한 지역이 많다. 전국시대는 소득증대를 위해서 농민에게는 산야를 적극적으로 개발시켜 전답으로 만드는 것을 장려했다. 당연히 풀로 만든 비료만으로는 심각하게 부족했다. 인분을 비료로 이용하자는 안은 전국 시대 영주(다이묘 · 大名)가 낸 아이디어에서 시작했다고 한다. 그러나 이러한 인분의 판매는 전국 시대인 15세기에서 16세기에 걸쳐서 오다노부나가 때 시작되었다. 그러나 긴 전쟁이 다양한 곳에서 연속적으로 일어난 시기였기에 인분 시장의 정착은 안된 것이다. 이 독특한 시장이 형성된 시기는 약 260년간 평화의 시대인 에도시대에 정착된 것으로 보인다.

일본 전국 시대의 인분 생각을 하니 문득 비료가 늘 모자라는 북한이 전국 시대의 영주(다이묘 · 大名)의 아이디어를 훔쳐갔는지도 모르겠다는 장난스런 생각도 하게 된다. 인류가 인분을 비료화 하는 것은 다양한 곳에서 실시 되었을 것이다. 북한은 언제나 화학 비료 부족국가이다 보니 자주도 '퇴비전투'를 전국적으로 실시한다. 초등학생부터 노동당 간부에 이르기까지 인분을 모아 퇴비를 만드는데 동원된다. 주로 봄을 맞이하기 전에 겨울에 '퇴비전투'를 시작하다 보니 전국의 모든 화장실에 인분이 사라진다고 한다. 사정이 이렇다 보니 이 시기에는 주민들이 외출 시에는 양동이를 가지고 나가서 소중한 자기 인분과 지인들의 인분을 모아오기도 한다. 모든 주민들에게도 할당량이 엄하게 정해지다 보니 겨울철에 인분을 서로가 사고 팔기도 한다. 할당량이 많이 모자라는 지역의 담당자들은 다른 지역의 퇴비를 쌓아둔 창고를 습격하는 일도 일어난다고 한다. 이렇게 어렵게 모은 냄새 나는 인분들은 평양 김일성 광장에 모은다. 여기서 농촌으로 보내는 국가적 인분 수송 행사 이벤트를 한다니, 북한은 정말 어느 시대에 살고 있는지 머리가 혼란스럽다.

조선통신사의 후기에 해당하는 평화가 260년간 지속 된 에도시대로 들어가 보자. 인분의 매매가 정착되는 데는 무엇보다 농민들의 안정적인 생활이 보장되어야만 했다. 피로 얼룩진 전국 시대는 하급 사무라이에 해당하는 농민들이 전쟁 때마다 불려 나가서 농업에 집중할 수 없는 시대였다. 에도시대에는 오늘날 한국보다도 더 임대 사업이 재미가 쏠쏠했던, 도랑치고 가재도 잡은 시대이다. 260년간 평화의 에도시대는 인구가 100만 명을 넘기며 세계적 도시로 발전하고 있었다. 이에 주택이 수요가 모자랐기에 현대적 아파트는 아닌 목조 주택이나마 방이 많은 집 주인들은 작은 방을 세를 놓아서 돈을 벌고 있었다. 보너스로 인분을 팔아서 부를 증식시켜주니 인분은 악취가 아닌 향기로 생각하며 취해서 콧구멍을 크게 벌리며 기분 좋아했을 것이다. 당시에는 인분은 대접받는 농업 거름으로 이용하기 위해 너도나도 농가에 팔고 있었다. 지금처럼 소. 돼지 우리에서 나온 오물이 많았다면, 최고급 비료였으니 떼부자가 되었을 거라며 상상해 본다. 그것은 농가의 소득 증대로 이어지니 인분으로 인한 부수입이 쏠쏠했다는 말이 신빙성이 있다. 오사가와 그 주변 농촌을 예로 들어보자. 아라타케 겐이치로가 쓴 자료에 의하면 1인당 인분은 연간 은 2돈(현재의 가치로는 약 2500엔~)에서 3돈이 되었다고 한다. 이러한 부수입이 발생하니 세입자의 집세가 다소 밀렸어도 강하게 방 빼~를 못했다고 한다. 아마 대식가를 세입자로 둔 주인이라면, **쫙쫙**빼서 금방 한 통을 채웠을 거니 그 돈 맛에 입이 찢어졌을 것이라 생각하면 헛웃음이 나온다.

　일본의 청결 문화가 일찍부터 있어서일까, 벌써 에도시대부터 대변을 볼 때 화장지에 해당하는 휴지가 사용되었다. 일본인의 꼼꼼한 경제관은 철저해서 당시 화장실 안에는 별도로 폐지를 넣는 바구니가 놓여 있었다. 이는 그 귀중한 인분 비료에 화장지가 섞이지 않도록 철저히 분리수거를 했던 것이다. 어쩌면 재활용에 대한 생각은 에도시대 부터이니 세계에서 가장 빨리 실천했을 것 같다. 현대에는 인분이 비료로서의 가치만으로 끝나지 않는다. 울산과학기술원 생활형 연구소 '사이언스 월든'에서는 화장실에서 일을 보면 각종 장치를 거쳐 인분이 바이오 연료로, 전기 에너지로, 비료로 재탄생한다. 아무튼 과거나 지금이나 인분은 많이 만들고 볼 일인가? 생뚱맞은 의문을 가져 본다.

속지 말자 스미마셍

스미마셍은 일본 문화의 하나라고도 할 것이다. 최근 유
튜브에서 외국인이 한국인들에게 느낀 이상한 것은 사람과
부딪쳤는데도 사과를 안한다는 것이다. 그래서 자기도 가볍
게 부딪치면 사과를 하지않게 되었다고 한다. 일본을 관광해
본 사람은 알겠지만 일본인들에게 자주 듣는 말이 '스미마셍'
이다. 일본인들이 사과할 때 쓰는 '미안하다'라는 표현이다.
그러나 이렇게만 아는 것은 수박 겉핥기식이다.

우리는 36년간 아픈 식민지 시대를 겪었으니 생활 속에
일본어가 많이 존재했다. 소매치기 '스리', 뒷거래 '야미', 번
쩍번쩍 '삐까삐까', 가득히 '입빠이' 등등은 비교적 오래된 할
아버지, 아버지 세대로부터 들어오던 단어들이다. 지난 수십
년간 정부는 생활 용어에서 산업 현장의 용어까지 교육과 지
침을 내리며 한국어로 교정하려는 노력을 많이 했다. 그런데
이렇게 선진국이 된 지금도, 정치권의 반일 몰이에도 불구하
고 MZ세대들도 일본어 단어들을 섞어서 일상적으로 쓰는 것
을 보고 좀 놀랐다. 얼굴이 안 선다는 뜻으로 '가오(얼굴)가
안 선다'라든가. 계산시 우리 나누어 내자 '우리 분빠이하자'.
심지어 정치권이나 언론에서, 여의도 찌라시 '여의도 정보(광

고 쪽지)' 등등 많다.

33년이나 일본에서 살아서일까 시대가 많이도 변했구나를 새삼 느끼며 어색했다. 그렇다고 나쁘다는 것은 아니다. 다만 그동안 국내의 감각을 따라가고 있지 못하는 스스로를 물끄러미 바라볼 뿐이다. 반대로 일본에서는 젊은이들이 한국말을 하고 싶어서 이 중년의 필자에게 '오빠~'라고 불러줄 때는 기분이 좋다. 그렇다고 일본의 우익들이 그들을 비난하지는 않는다. 어느덧 한국에서도 대화 속 일본어가 이제는 애국심이 모자라고 역사 인식이 모자라는 친일파의 말이 아님을 알았다. 영어처럼 쓰는, 조금은 센스 있는 이웃 국가의 말로 사용하고 있으니 한일관계가 좋아지는 현상인 듯 느껴지기도 한다.

일본인의 '스미마셍'에 속지 말자. 분명 사과하는 '미안하다'는 표현의 말이지만 너무도 광범위하게 쓰이는 말이기 때문이다. 한국인의 이미지 속 '스미마셍'은 '아리가토우'와 같이 일본인의 정숙한 모습에서 나오는 친절의 단어 중 하나이다. 일본에서 여행이나 생활을 하다 보면 자주 들려오는 '스미마셍'이라는 말은 영어로 직역하면 'I'm sorry'다. 외국인들이 보기에 일본인들은 평소에 이 말을 무의식적으로 많이 사용하기에 항상 사과하고 있다고 생각하기 쉽다. 필자도 일본에 정착해 살기 시작하면서 '스미마셍'에 대해서 무척이나 혼란스러웠다. 약 20년 전일까? 미국의 유력 일간지에서 일본인들의 지나친 사과 문화에 대해서 대서특필한 사건이 있었다. 그것은 다름 아닌 '스미마셍'을 직역해서 'I'm sorry'로 번역해서 생긴 사건이었다. 그 뉴스가 일본에 전해지자 온 종편들이 "우리 일본인들은 왜 이렇게 사과성 발언을 자주 하느냐?" "나도 '스미마셍'을 너무해서 바보 취급을 받았다" 등등의 다양한 의견이 쏟아졌다. 물론 이는 일본인들만이 가지고 있는 독특한 언어적 문화이고 정체성이기에 일시적 현상으로 지나고 말았다.

이런 주제는 잡학으로서 인지하고 있는 것이 일본인들을 이해하기가 좋다. 사실 이 '죄송합니다'라는 말은 다양하게 쓰이고 있으니 확인해 보자. 한국식 '죄송합니다'와 동의어가 될 때와 전혀 되지 않을 때가 있다. 남에게 폭력처럼 나쁜 짓을 했을 때, 남에게 정신적 폐를 끼쳤을 때는 당연히 사과의 '죄송합니다'가 맞으니 간단하게 이해가 된다. 다음의 상황이 늘 외국인들에게 헷갈리게 만든다. 흔히들 많이 쓰는 '남에게 말을 걸 때'다. 상점가에서 종업원에게 질문을 할 때, 지하철에서 길을 물을 때 등도 '스미마셍'으로 표현한다. 눈치를 챘겠지만 이 의미는 '저기요, 잠깐만요, 있잖아요'라는 뜻이다. 추가로 좀 더 이야기하면 한국에 다녀와서 옆집에 선물을 하면 받으면서 '스미마셍', 자리를 양보 받았을 때 '스미마셍', 문을 열어 주었을 때 '스미마셍'을 한다. 이 때는 분명 '고맙습니다.'라는 표현의 '아리가토우'의 표현이 적합하지만 일본인들은 '스미마셍'이 습관화가 되어 있다.

그런데 필자가 처음 의문을 품기 시작한 제일 알기 힘든 상황은 전철 안에서 옆 사람의 발을 밟았을 때였다. 이럴 때는 당연히 밟은 사람이 '죄송합니다', '미안합니다'라는 의미를 가지고 하는 사과다. 그러나 일본인들은 자기가 밟혔을 때조차도 '스미마셍'을 한다는 것이다. 그래서 당시 일본말이

어눌한 필자는 "그래 내가 밟은 것 같기는 한데 당신이 그런 환경을 만든 거였어?"라며 상대방에게 미안한 마음이 확 줄어들었던 기억이 아직도 생생하다. 지금 생각해보면 민망한 일이었다. 어학이란 이렇게 그 문화를 이해 못하면 오해가 발생하는 것이다.

그러면 왜 일본인들은 '스미마셍'이라고 말해 버리는 것일까? 이는 그냥 두리뭉실하게 그들의 문화라고 하면 끝날지 모르지만 아니다. 그것은 우리는 이해가 안 되지만 일본인의 세심한 배려에서 오는 것이다. 선물 문화에서 잘 알 수 있지만 답례를 할 때조차도 상대방이 부담스럽지 않게 받은 가격에서 크게 벗어나지 않은 선물을 돌려주는 것이다. 이러한 일본인다운 상대에 대한 배려나 위로의 마음의 표현은 이제 필자에게 편안함으로 다가온다. 이런 겸손함을 가진 저자세의 배려가 편함은 제2의 고향이 되어서일 것이다.

국기 스모와 여성 차별

"여성은 스모판에서 내려와주세요"라는 스모 장내의 방송은 일본에서 파란을 일으켰다. 2018년 4월 4일 일본 교토부에서 열린 스모 대회에서 심판원이 한 발언이다. 일본 씨름인 스모는 국기(国技)로 사랑 받고 있다. 국기(国技)란 그 나라의 오랜 전통으로 내려오는 대표적인 스포츠다. 선진국의 국기에서 여성 차별이 웬말이냐고 고개를 갸우뚱할 것이지만 역사부터 조금씩 알아보자.

일본의 전통 국기인 스모는 1500년의 역사를 가졌다고 자부심이 대단하다. 서기 642년 백제의 사신이 일본에 왔을 때 접대 스모를 했다고 한다. 그 귀한 기록이 '일본 서기'에 기록이 되어 있고, 씨름과 스모의 인연은 약 1300년이 넘었을 것으로 추정하고 있다. 일본 자료에 의하면, 유우략구 천황 13년(21대 천황- 430년경)에 여시종을 불러 모아 나체로 스모를 하게 한 것이 최초 기록이다. 일본의 최고 역사서 일본서기에도 '스모를 처음 시작한 것은 여성'이라고 되어 있다. 이렇게 궁정에서 약 300년간 전통 문화로서 사랑 받아 왔다. 오늘날과 같은 인기 스포츠로 자리매김한 시기는, 정기적으로 시합을 벌인 에도시대였다. 도중에 금지되었다가 부활하며 명맥을 이어왔고 메이지 중반 여성 스모꾼의 대부분은 14, 5세에서 25세 정도의 여성으로, 전라가 아닌 얇은 옷을 입고 경기를 했다. 그 후 쇼와 30년대 후반까지 규슈에 여자 스모 흥행단이 남아있었다. 또 제2차 세계 대전 이후 탄생한 여자 프로 레슬링은 이들 여자 스모 선수들이 진출한 것이라 한다.

이제 다시 스모계가 곤욕을 치른 여성차별 논란으로 들어가 그 차별의 역사는 얼마나 오래 되었는가도 확인해 보자. 일본 최대 신문사 요미우리의 당시 기사가 신빙성이 제일 큰 것 같아 인용해 본다. 기사는 메이지 시대 신도와 불교를 분리했을 때 신도와의 연결고리가 강조되면서 시작되었다고 한다. 결국 월경을 하는 여성이 신성한 스모판에 올라가게 하는 것은 신의 노여움을 사게 한다는 원시적 신앙관이 우선되었다는 추론이다. 마치 불교 국가였던 고려 시대에서 유교 국가의 조선으로 들어오면서 여성의 지위가 급강하한 역사와도 같다. 메이지 시대로 바뀌어 신도가 중심이 되자 스모계에 여성 차별이 생겨났다는 뉘앙스다. 그 중심에는 스모가 국기가 된 '메이지의 스모 개혁'이 잘못되었다는 것이다. 위의 역사를 살펴본 바와 같이 스모의 역사는 여성이 먼저였고 메이지의 개혁에 의한 여성차별이라면 결코 역사적으로 오래된 전통이라고도 할 수 없다.

문제가 된 그 현장을 다시 살펴보자. 2018년 4월 4일 일본 교토부에서 열린 스모대회에서 "여성은 스모판에서 내려와주세요"라는 스모 장내의 방송이 문제를 크게 키웠다. 당시 우리로서는 이해할 수 없는 일본 특유의 문화 한 장면을 풀어서 보자. 사건의 전말은 교토부 마이즈루시에서 행해진 스모판 위에서 축하 차 시장(67세)이 시합전 스모판에서 힘있게 연설하던 중 뒤로 쓰러졌다. 이에 주위에 대기하고 있던 간호사를 포함한 여성 두 명이 뛰어 올라가서 가슴에 심장 마사지를 신속히 했다. 이때 심판원이 장내 방송을 통하여 반복하며 "여성은 스모판에서 내려와주세요"라고 한 것이다. 이 스모협회의 쓰레기같은 전통인 '스모판 여성 입장 금지'를 내세우며 빨리 내려와 달라고 방송을 했다. 한심하기 그지없고 규칙대로 하지 않으면 성이 차지 않는 일본의 국민성이다. 결국, 스모판에 올라갔던 두 명의 여성은 구급 대원들이 도착하고야 내려왔다. 이 문제가 각종 뉴스에 비난을 받으며 확산하자 일본 스모협회는 "응급처치를 해주신 두 여성분께 사죄의 뜻을 전하고 싶다"라고 발표하기에 이르렀다. 이 사건은 일본 문화사에 있어서 영원히 남을 오명이 되고 말았다.

스모계의 또 다른 여성 차별의 예시를 보자. 1974년경 도쿄 초등학생 어린이 스모대회에서 10세의 여자 어린이가 당당히 결승전 출전권을 획득했으나 스모협회가 허가하지 않아 무산되었다. 1990년 여성인 모리야마 관방장관이 우승자에게 '내각총리대신 컵'을 총리를 대신해서 스모판 위에서 수여를 희망했으나 스모협회는 난색을 보여서 무산되었다. 2000년 오사카에서 열린 스모 대회에서 여성인 오사카부 오타 지사가 오사카부지사 상을 스모판에서 수여를 희망했으나 무산되었다. 이쯤 되면 외국인들은 "무식하다"는 표현을 하고 싶어진다.

일본의 제품은 세계 제일이라 인정받고 있다. 그것은 매뉴얼 대로 한 치의 오차 없이 정성들여서 만드는 장인 정신에서 나온다. 그러나 이렇게 때로는 융통성 없이 아무 때나 메뉴얼을 들이밀며 문제를 야기시키는 국민성이 일본에는 아직도 존재한다. 스모협회는 이 대응을 부적절했다고 사과했지만 그것으로 끝나지 않고 스모판에 여성 입장 금지를 앞으로도 지켜야 하는지까지 파급됐다. 당시 그동안 전통이라는 이름 속에 눌려있던 여성 멸시의 상징인 스모판에 불이 붙은 것이다. 당시 스모협회는 여성 입장 금지의 재검토에 대해 "시간이 필요하다"라며 한 발 물러섰다.

일본 스모는 여성 차별 때문은 아니겠으나, 인기의 하향 곡선을 그리기 시작한 시점은 오래 되었다. 1990년대 후반부터 활약한 외국인 선수는 하와이, 유럽, 특히 몽골 선수는 압도적인 강세로 요코즈나 타이틀을 지금도 주름잡고 있다. 현재 일본 스모계의 최상위 리그라 할 수 있는 마쿠노우치의 40여 명 중에 외국인 숫자는 3명에 1명 꼴이다. 역도산도 1940년부터 역도산(力道山)이라는 별명으로 스모를 시작하였다. 조선인이라는 멸시와 비아냥 속에 약 10년간 스모의 세 번째 등급인 세키와케까지 승격한 후 레슬링으로 전향해서 큰 성공을 거두었다. 일본 스모는 인기 만회를 위해 세계화의 일환으로 1983년 국제스모연맹을 발족시켰다. 정부는 스모를 올림픽 종목으로 키우기 위해서 노력도 하고 있다. 일본은 아직도 정식 스모판에 여성이 올라갈 수 없는 문화를 고수하고 있으면서 올림픽 종목에 넣고자 한다니 어이가 없다. (97년에는 별도의 리그로 여자 스모 대회도 개최 했다.)

결론적으로 스모판의 여성 차별은 메이지 시대에 신도와 불교를 분리하며 원시적 전통 신앙인 신도 중심으로 개혁하는 과정에 만들어졌다. 근대인 메이지 시대에 만들어졌음에도 오래된 전통이라고 우기며 여성 차별을 존속시키고 있다.

일본에서 금지되는 행동과 언어 등 잡학

문화는 바다를 건너고 산을 넘으면 많이도 달라진다. 이해하기 거북한 문화의 차이가 만들어진다. 이를 확인하기 위해서 먼저 필자의 친구가 일본에서 겪은 일을 소개하고 일본에서 금지되는 행동과 언어 등을 기록하고자 한다. 오래전 이야기다. 밴드에서 만난 고원면 씨가 일본 자전거 일주를 하러 와서 집에서 1박을 했다. 그 친구는 일본뿐만 아니라 중국, 유럽과 동남아를 두루두루 자전거 여행을 했으니 어쩌면 나보다 더 일본인의 특성을 세계를 기준으로 잘 아는 사람이라고 생각한다. 자전거로 달리고 또 달리다가 언제나처럼 공원에 텐트를 치고 일찍 숙박을 준비했단다. 공원의 남자 관리인이 다가와서 여기서는 숙박이 안 되니 자기 집으로 가자고 하는 것이 아닌가. 땡 잡았다, 참 친절하구나를 생각하며 따라 갔다고 한다. 좀 넓은 마당에 개를 기르고 있었는데 뭔가 설명하는 분위기가 이해할 수 없고 이상했다. 설명을 멍 때리며 생각해보니 개를 집안으로 데리고 들어갈테니, 당신은 마당 개 집 옆에 텐트를 치고 자라고 했던 것이었다. 참 황당했지만 알았다고 하고 이번에는 마당에서 밥을 짓는데, '같이 방안에서 밥을 먹자'고 하지 않고, 반찬이 부족한 듯하니 두 가지를 먹으라고 주더란다. 이건 한국인으로서는 당황스러운 경험이었다고 한다. 이런 과분한 숙박과 반찬 두 가지를 마당에서 먹으라고 제공해 주어서 감사해야 하는지 고민을 했다니 필자의 마음마저 짠해져왔다. 그렇게 당하니 아무리 생각을 해도 일본은 배고파 본 적이 없는 민족이구나, 접대에 인색하구나를 느꼈단다. 마당에서 흐릿한 밤하늘을 보고, 피곤한 몸으로 딱딱한 텐트 안에 들어가서 잔 그날 밤을 지금도 잊을 수가 없다고 했다.

배려에서도 문화란 이렇게도 바다를 건너고 산을 넘으면 우리로서는 이해할 수 없는 모습으로 바뀌는 것이다. 일본에 가면 일본의 작은 습관들을 숙지하며 그들의 문화를 수용하며 매너있는 한국인들로 행동해 보자.

다양한 금지되는 행동과 언어 등 잡학

- 일본은 매너가 상당히 중요한 나라다. 가게 주인의 허락 없이 휴대폰 충전을 위한 콘센트를 사용하면 민폐이자 사유 재산 도둑질로 인식된다.

- 금을 몸에 화려하게 걸치고 가지 말자. 2019년 한국인이 홍콩에서 일본으로 금을 대량 밀수한 사건으로 민감하다. 공항에서 걸리면 여러 시간 조사를 받고 세금도 내야 한다.

- 일본의 동전은 다 쓰고 한국으로 귀국하는 것이 좋다. 일본은 한국보다 아직 현금 결제가 많이 남아있다. 입국 시 동전을 다 쓰지 않으면 한국에 들어와서 환전이 안 된다.

- 일본의 택시 문은 거의 모두가 운전수가 조작하는 자동이다. 손님이 문을 열면 고장의 원인이 될 수도 있다. 다만 조수석은 수동이다.

- 식당에서는 종업원이 안내해 줄 때까지 기다려라. 한국처럼 함부로 내가 원하는 자리에 가서 앉으면 안 된다. 일본인들의 암묵적 룰이니 종업원이 없어도 기다려야 한다.

- 한국 식당이라도 일본 식당과 같은 매너를 지키자. 일본에 있는 한국 식당들은 오랫동안 일본에서 고생하며 그 문화에 습관화된 사람들이다. 가끔 한국 사람이라고 서비스를 해주기도 하지만 한국 사람이라고 무조건 김치 등을 무료로 더 달라고 하면 큰 실례다.

- 식사 시 젓가락으로 음식을 주고 받거나 도와주면 '평생 못 만나게 된다'는 말이 있다. 그것은 일본 장례 문화인 화장 후 뼈를 젓가락으로 통에 담는 것이 이미지화되기 때문이니 주의를 하자.

- 음식을 먹을 때 고개를 숙이며 먹지 말자. 한국은 식기를 들고 먹는 것을 매너 위반으로 생각하지만 일본은 반대다. 큰 실례는 아니지만, 음식은 거의 다 작은 그릇으로 되어 있고 들고 먹게 되어 있다.

- 상점에서 돈을 거슬러 받을 때 손을 내밀어 손 위에 받지 말자. 점원의 입장에서는 손에 올려 주는 것은 아랫사람에게 줄 때 하는 행위가 된다고 생각한다. 반드시 돈을 넣는 계산 접시에 금액이 잘 확인되게 놓아주니 그대로 천천히 받자.

- 일본은 아직도 카드 결제가 안 되는 가게가 있다. 현금도 준비하자. 한국은 카드 결제율이 약 98% 정도이나 일본은 약 40% 정도다. 최근 다양한 PAY 등 전자 결제는 급격히 증가하는 추세다. 카드 결제 시 카드에 사인이 된 것과 일치하지 않으면 거부당할 수도 있으니 주의하자.

- 에스컬레이터에 서 있는 위치가 도쿄와 오사카는 다르다. 도쿄는 왼쪽편에 오사카는 오른편에 서야 한다. 정석은 도쿄식이지만 오사카는 오사카 박람회를 할 때 외국인 편의를 위해서 오른편에 서던 것이 그대로 습관으로 남아서 반대다. 전기도 도쿄와 오사카는 다른데, 전기를 들여오는 과정에 미국과 독일의 서로 다른 기술을 들여오는 과정에서 생긴 결과이다. 경마장도 말이 도는 방향이 전국적으로 일치하지 않는 이유도 기술 제휴를 받는 과정에서 생긴 것이다.

- 전차 안에서 전화는 금지다. 조용한 문화, 정숙한 환경을 만든 것이 메이와쿠 문화이다. 전화는 받더라도 작은 소리로 하고 바로 끊자.

- '감사합니다.'라는 말은 '아리카토 고자이마스'다 그런데 한국인들은 '아리카토'로 단축시키는 경우가 많다. '아리카토 고자이마스'를 하지 않으면 반말이 된다. '고자이마스'란 우리말의 '습니다, 입니다'와 같으니 정중어로 쓰자.

- '헬스에 갔다 왔어요'라는 표현은 변태 취급을 당한다. 이 말은 성매매 업소에 갔다는 말이 된다. 일본에서의 헬스장은 '지무'라고 한다.

- 일본에서 애인(愛人-아이진)이라는 말은 바람을 피우는 상대를 칭하는 말이다. 연인(恋人-코이비토)라는 표현을 쓴다. 생각 없이 '애인이 있으세요'라고 묻지 말자.

- 일본은 교통 요금이 비싸기로 유명한 국가이다. 어쩌면 한국이 너무 싼 요금이다. 일본은 지역마다 조금 다른 요금 체계이지만, 일반 택시 기준으로 기본 요금은 2키로 미터 정도에 7300원 정도이다. 가끔 소형 택시는 5000원~정도도 있다. 일반 택시는 280미터를 갈 때마다 900원 정도가 올라간다.

- 인터넷 뱅킹은 오후 3시까지이다. 시간이 지나면 다음날 입금이 되는 경우가 많다. 금요일 오후 3시 이후에 입금하면 월요일에 찾을 수도 있다. 토, 일요일과 평일 오후 6시 이후는 수수료가 붙으니 주의하자.

- 일본에서는 회를 쌈 싸 먹는 문화가 없고 담백한 음식 문화이다. 상추나 깻잎을 주문해도 없다. 회는 반드시 간장에만 찍어 먹는다.

- 일본의 편의점은 거의 화장실이 있으니 많이 도움이 된다. 도심의 아주 작은 편의점을 제외하고는 거의 다 화장실이 있다. 다만 화장실을 써도 되냐고 묻고 사용해야 하는 곳이 많으니 바디 랭귀지라도 하고 사용하자. 프랑스는 지하철에 화장실이 없다고 하던데 문화의 작은 차이가 이렇게 편리함과 불편함을 준다. 한편으로 일본인이 한국에서 가장 불편함을 느끼는 압도적 1위는 가게들이 공동으로 사용하는 청결하지 못한 화장실이다.

- 한국은 노약자석을 철저히 비워놓는데 반해서 일본은 노약자를 배려하는 문화가 한국보다 많이 느슨하다고 할 수 있다. 심지어 노인이 와도 비켜주지 않는 사람도 많은 편이다. 왠지 노인을 우대하는 우리 문화에 조금은 어깨가 으쓱해진다.

- 일본의 음식 맛의 베이스는 거의 간장 맛이다. 매운 메뉴가 거의 없어도 이국 문화를 배운다고 생각하고 즐겁게 먹자. 처음 방문하는 한국 사람이라도 저렴하고 입에 맞는 종류는 규동(牛丼 소고기 덮밥), 덴뿌라 우동, 소바, 시오라멘 등이 있다.

- 일본 사람에게 한국인의 정을 기대 말자. 메이와쿠 문화가 너무 발달하다 보니 한국식 정으로 선물을 주어도 받는 것을 거북스러워 한다. 이는 꼭 갚아야 한다는 문화와 사람과의 갈등을 최소한으로 줄이는 방법이라 생각하는 그들만의 독특한 문화이다. 다르게 표현하면 항상 거리를 유지하려는 '선을 긋는 문화' 이다. 우리는 관계에서 '선을 넘는 문화'이니 이것이 큰 차이다.

- 저렴한 쇼핑점 - MUJI, UNIQLO, LUSH, 베이프, 꼼데가르송, 스타벅스 상품

묘죠식품이 낳은 삼양라면?

라면은 우리에게 특별한 의미가 부여된 음식이다. 6.25 를 겪은 1950년대를 지나 60년대는 쌀 부족으로 곡물 가격이 급등할 때, 배고픈 보릿고개를 넘게 해준 큰 공헌의 식품이 바로 라면이기 때문이다. 어느 날 '라면이 바다를 건넌 날'이라는 책을 보게 되었다. 어린 시절이 생각나 눈물을 훔치면서 보았다. 일본의 묘죠 식품에 진한 감사를 드리며 보았다. 이 장에서는 '라면이 바다를 건넌 날'에 나오는 귀중한 부분을 일부 인용한다. 이는 묘죠 식품에 대한 필자의 감사의 예로 생각하기 때문이다. 일본의 저자 [무라야마 도시오]씨는 양국 간의 우정을 되새기는 계기가 되기를 바라며 인스턴트 라면의 역사 책을 썼다고 밝혔다.

먼저 정부의 보릿고개를 이기기 위해 전쟁 중인 1951년 국무회의에서 3할 이상의 잡곡을 혼합하는 절미 운동을 엄격히 실행을 강요하는 다양한 지침이 나왔다.

쌀 부족은 조선 시대에도 심각한 사회 문제가 되어 절미 운동이 있었다. 일본 강점기에 조선 총독부는 절미 운동을 더 강력하게 시행했다. 일본 강점기 절미 운동 방식은 해방 이후

에도 지속하였다. 1960대도, 70년대 새마을 운동 과정에서
도 절미 운동을 장려했는데, 학교에서는 선생님이 점심시간
이 되면 교실에 도시락 뚜껑을 열고 검사를 하러 왔다. 눈치
빠른 잘 사는 집 아이들은 못 사는 집, 보리밥을 가져온 아이
들과 밥 윗부분만 살짝 바꾸어 검사를 맡고서야 밥을 먹을 수
있었다. 절미운동의 끝은 문익점이 중국에서 목화 씨앗을 붓
뚜껑에 숨겨오듯이 60년대 중반 일본이 동남아에서 시험 재
배를 막 성공한 벼 종자를 몰래 들여와 종자 개량으로 통일벼
가 탄생했다. 일본의 벼 유카라 종자를 삼교잡을 시켜서 탄생
한 것이었다. 뛰어난 생산성으로 70년대 우리나라 식량 자급
을 이루었고, 1980년대 이후 통일벼는 생산의 큰 증대와 혼
분식의 대중화로 절미 운동은 사라지게 되었다.

삼양 라면은 어릴 때부터 많이도 가난했던 배고픈 필자
를 위로해 주었다. 초등학교를 졸업하고 1년 동안은 농사일
을 돕고 중학교는 후배들 틈바구니에 함께 입학을 했다. 어린
필자가 부모님이 밭갈이하고 오기 전 뽐내며 잘 만들 수 있었
던 주식은 국수와 수제비였다. 그것도 아버님의 병환으로 정
부에서 배급을 받은 밀가루로 만든 것이었다. 그러던 어느 날
황홀히 내 앞에 나타나서 입맛을 사로잡은 것은 인스턴트 삼
양 라면이었다. 먹음직스러운 매운 국물 위에 둥둥 떠다니던

수프의 소고기 기름은 고기 먹을 기회가 없는 아이를 흥분시키기 충분했다. 삼양 라면의 역사와 묘조 식품의 역사 속으로 들어가 보자. 삼양라면은 배고픈 대한민국을 구하는 구세주였다. 우리나라 최초의 인스턴트 라면인 삼양 라면은 1963년 판매가는 100g 당 10원이었다.

고 전중윤 회장은 1961년 삼양식품을 창립하였다. 잘나가던 보험회사를 그만두고 라면 사업에 사활을 걸게 만든 것은 폐허의 가난 속 시장에서 팔던 '꿀꿀이죽'을 본 후다. 당시 전중윤 씨의 머릿속은 온통 '모두가 배곯지 않고 맘 편히 먹을 수 있는 사업'을 찾았다. 일본에 사업 아이템을 찾으러 갔다가 발견한 것이 바로 인스턴트 라면이였다. 전중윤 씨는 일본 최초의 인스턴트 라면을 개발했던 닛신 식품에 기술 판매를 제의했으나 거절당하자 라이벌사였던 묘조 식품과 인연이 만들어진다. 상담을 하면서 알게 된 것은 묘조 식품의 오쿠이 키요즈미 사장도 일본의 패전 후 '국민 식생활 개선'이라는 사명감을 가졌고 전중윤 씨와 비슷한 이 마음이 큰 인연을 만들었던 것이다. 새로운 사업에는 국내로 설비를 들여와야 하는데 박정희 군사정권은 외화 반출 금지라는 큰 문제가 버티고 있었다. 전중윤 씨는 인스턴트 라면 샘플을 가지고 새파란 30대의 김종필 씨께 사업에 대해서 설명을 했다. "이는 내

개인의 이윤을 목적으로 하지 않습니다. 배고픈 국민들은 지금 형편 없는 꿀꿀이죽을 비싸게 사 먹으며 살아가고 있습니다. 이 샘플 라면을 드셔보십시오." 경제인에게 부정적 시선을 갖고 있던 김종필의 눈빛이 바뀌었다. "이거 박정희 의장에게 맛을 보여야겠어요." 이렇게 군부정권을 설득하여 정부가 없는 외화를 우선 사용할 수 있게 5만불 준비를 했다. 일은 풀려가기 시작했다.

독자들은 꿀꿀이죽과 부대찌개의 구분을 알까? 꿀꿀이죽은 부대찌개의 전신으로 미군 기지의 잔반으로 버려진 것을 활용해 당시 시장통에서 팔던 가장 험한 음식이었다. 간단한 식별은 같은 재료를 넣고 밥을 넣으면 꿀꿀이죽, 라면을 넣으면 부대찌개라 불러도 문제가 없다. 당시 꿀꿀이죽은 유엔탕이라고 불리기도 했다. 6.25 전쟁 후 50년대 꿀꿀이죽은 63년에 삼양 라면으로 대체가 되었다. 80년대 초에는 국산 소시지와 햄이 생산되면서 꿀꿀이죽은 새로운 '부대찌개'로 버전업이 되었다.

삼양 라면이 탄생하기까지 묘조 식품은 다른 일본 회사와는 달리 사장의 결단으로 적극적으로 많은 기술을 무료로 제공해 주었다. 문제는 가장 핵심인 수프의 비결은 가르쳐 주지 않았다. 묘조 식품 임직원들의 반대로 수프 제조 기술은 얻지 못하고 돌아가야 했다. 그래도 꿈을 안고 국내서 개발을 염두에 두고 일본 공항에 도착해서 출국을 준비하는데 직원이 헐레벌떡 뛰어와서 오쿠이 사장이 몰래 전해주라고, 비밀을 유지해 달라며 봉투를 건네주었다. 전중윤 씨는 기내에서 감동하여 눈물을 훔치며 읽었다. 편지에는 힘을 내라는 격려와 수프 제조 기술 메모가 있었다. 묘죠 식품의 도움으로 1963년 한국 최초의 인스턴트 삼양 라면을 출시했다. 당시에는 닭고기 수프가 먼저 제조되었으나 한국 사정에 맞게 현재는 소고기 수프로 정착이 된 것이다.

대한민국에서 인스턴트 라면의 인기는 하늘을 찌른지 오래되었다. 약 5년전 정보로도 연간 1인당 라면 소비량은 당당히 세계 1위(74개)다. 조사가 시작된 이래로 단 한 번도 1위를 내어준 적이 없다. 명실상부 한국은 '인스턴트 라면 대국'이다. 묘조 식품에 다시 한 번 감사를 드린다.

제 3 장

한국인이 일본을 모른다면?

우물 안 개구리의 쇄국 & 반일, 혐한

‘우물 안 개구리의 쇄국 & 반일, 혐한’에서는 부정적인 과거와 현재를 보려 한다. 이제 우리는 과거의 편협했던 ‘우물 안 개구리’의 사고를 뒤로하고 시야를 확장시켜 보자. 역사를 남에게 맡기지말고 스스로 재해석을 해보기를 권한다. ‘우물 안 개구리’라는 표현은 모르는 사람이 없다. 사자성어는 ‘정저지와(井底之蛙)’다. 누가 인상이라도 쓰며 “자네는 우물 안 개구리야!” 한마디를 듣는다면 무시를 당했다고 생각하며 친구 관계가 끊어질 수도 있다. 그 뜻이 ‘식견이 넓지 않고 자신만의 세상에 갇혀 잘난 척만 하다’라는 뜻으로도 많이 쓰기 때문이다. 다른 해석으로는 ‘소견이 좁거나 안목이 낮아서 멀리 보지 못하는 사람’을 이르는 말이다.

‘우물 안 개구리’란 뜻이 어느 쪽의 의미든 우리는 미래지향적 세계관을 갖는 데는 한계가 있었다. 역사를 돌아보면 가장 ‘우물 안 개구리’는 역시 조선시대 였다. 일본의 쇄국 정치는 조선에 비교하면 간에 기별도 안 된다. 조선에 있어서 흥선 대원군의 쇄국 정치는 사대를 하던 중국을 제외하고, 그야말로 꽁꽁 묶어 놓은 쇄국 정치였다. 흥선 대원군은 서양을 오랑캐라 여기고 일본의 앞서가기 시작한 많은 정보를 외면

하며 왜적으로 우습게 여겼다. 중국 이외 타국의 문물과 기술은 천하고 백성들을 혼란하게 한다고 생각해 문을 걸어 잠그고 통상도 하지 않았다. 이는 잠시 서양의 침략은 막았다. 그렇다고 일본처럼 데지마에 체류하는 네덜란드 무역상으로부터 세계정세를 수시로 보고를 받는 채널도 갖고 있지 않았다. 조선에게 개국의 기회는 두 차례 있었고 두 번 다 강화도가 큰 피해를 입었다. 선교를 목적으로 왔던 프랑스와 전투를 치른 병인양요는 외규장각 도서 345권과 은괴 19상자를 약탈당했다. 일본에서처럼 순수한 개항을 목적으로 들어온 미국과는 강화도에서 전쟁을 치러 목숨을 앗아갔던 사건이 신미양요이고 이는 대원군 쇄국의 위대한 작품이었다.

이제 선진국답게 세상을 과거보다 더 넓게 보자. 참새 가슴으로, 우물 안 개구리 식으로 한일관계를 보지 말고 역사의 폭을 넓게 보자는 것이다. '우물 밖 개구리'가 되자는 것이다. 지나치게 식민지 시대의 피해망상에서 붙들려 있지 말자. 우리가 동북아에서 일본보다 선진국이면서 한 수를 가르쳤던 고대사도 공부하면서 위안으로 삼자. 현재는 IT를 중심으로 일본에 한 수를 가르치는 처지니 자부심을 느끼자는 이야기다. 그러니 여기서는 현대에 늘 정치적으로 쟁점이 되는 반일과 혐한의 역사를 정확히 알아보고 미래를 우리가 리드해 나갈 수 있기를 희망한다. "역사를 잊은 민족에게 미래는 없다"
는 말은 한일관계에서도 소중한 명언이다.

먼저 우리가 잘 아는 반일보다는 최근 수년 전부터 대두
된 일본 내의 혐한을 알아보자. 필자가 현장에서 느낀 혐한과
주간조선에 실린 '재일 학자의 10년 보고서'를 함께 기록해
본다.

혐한이라는 용어가 처음 등장한 것은 1992년이다. 일본 내 혐한 붐의 원인은 무엇일까? 그 이유 첫째는 우리의 역사관과는 다르지만, 한국에서의 끈질긴 반일이 일본 국회 내의 친한파 마저도 두 손을 들게 만든 것. 둘째는 일부 재특회 같은 우익들이 재일동포들과 외국인들에게 지급하는 우대 정책을 문제 삼았으나 특히 한국인에게 집중된 것이다. '재일 학자의 10년 보고서'는 혐한 붐이 급부상한 2005년부터 2015년까지 11년간 출간된 단행본을 확인했다. 혐한물 출판 붐의 계기는 2005년에 출판된 '만화 혐한류(嫌韓流)'다. 이 책은 발행 이후 30만부 이상 팔렸다. 무려 55개의 출판사에서 205권의 혐한 서적을 냈다. 후속작으로 2014년 8월 '한국인이 쓴 치한론(恥韓論)'은 또 한 번 혐한 출판 붐의 불씨를 당겨 3주 만에 10만부를 돌파했다(필자가 확인한 바에 의하면 일본인이 저자라는 설이 많음). 협혐한의 피해는 2016년의 한인 상점의 숫자로도 나타났다. 500곳 이상이 영업하던 상점 숫자가 320곳으로, 2012년에 비해 약 40% 가까이 감소했다. 2023년 기준으로는 절반의 수치이다. 혐한 용어는 노무현 정부 때 늘어나기 시작해 박근혜 정부 때 가장 많아졌다. 이명박 전 대통령의 독도 방문이 혐한 의식에 불을 지폈고, 박근혜 정권 들어 정점이었다. 한 때는 혐한 그룹이 신오쿠보 식당을 난입하는 일이 있었다. 이 사건은 한일 간에 큰 이슈가 되고 일본 국회에서도 자제력을 찾으며 혐한 그룹에 경찰을 투입하여 지극히 짧은 기간에 벌어진 예외였다. 일본에서는 한국의 반일 운동 같은 언론에 자주 노출되는 한국 제품 불매운동은 거의 없다. 그 이유는 한국제품 불매 운동을 주도하는 단체가 거의 없기에 잠시 언론의 조명을 받다가 없어지는 것이 현실이다.

혐한의 반대인 반일 운동의 시작은 언제부터였나 간단한 잡학으로나마 살펴보자. 반일 운동의 두 가지는 영토 문제인 독도와 위안부 문제다. 해방 후 반일 운동은 단순히 식민지 지배의 문제가 아니라는 것이 많은 역사학자의 견해다. 식민지 피해가 반일 운동의 가장 큰 원인이 아니라는 증거로 1945년 8월 15일 광복이 되었을 때, 이제 일본에서 해방이 되었으니 다시 조선 왕조로 돌아가자며 데모를 한 사람이나 단체가 전혀 없었다는 것이 역사의 팩트다. 식민지 피해가 반일 운동의 출발이라고 우긴다면 해방 후부터 였어야 한다. 결국 가장 반일 운동을 확산시킨 곳은 정치인이다. 우리 정치사에서는 늘 지지층 결집과 확보를 위해서라면 무슨 카드놀이라도 좋았다. 그것이 바로 한쪽은 북풍, 또 한쪽은 반일 운동의 카드놀이였다. 영국과 프랑스는 100년 넘는 전쟁을 했고, 네덜란드는 독립을 위해서 스페인과 80년 전쟁을 했지만 우리의 반일 운동처럼 과격하지도 끈질기지도 않다.

독도 문제는 전쟁 중 1952년 1월 18일 이승만 대통령이 발표한, 독도를 우리 영토 안에 더 명확히 넣은 평화선(이승만 라인)이다. 이를 일본이 1월 28일에 '한국 영토로 인정할 수 없다'는 외교 문서를 보냈는데 이것이 영유권 논쟁의 시작이다. 위안부 문제는 한국이 찾아낸 역사 문제가 아니었다. 일본인의 가짜 증언자, 요시다 세이지(吉田清治)가 1982년 아사히신문에 사기 인터뷰를 벌인 것이다. 그는 1977년 '조선인 위안부와 일본인', 1983년 '나의 전쟁 범죄'라는 책을 저술했다. 요시다 세이지는 1943년부터 자신이 제주, 경남, 전남 등지에서 끌고 간 한국인 징용자와 종군 위안부가 합계 6000명에 이른다고 했다. 그의 저술에서는 "종군 위안부 징용은 한 마디로 노예 사냥이었다. 여자들을 후려갈겨 트럭에 강제로 태우고, 울며 매달리는 젖먹이를 억지로 떼어냈던 당시의 참혹했던 상황을 한시도 잊어본 적이 없다"고 기술하며 한국인들의 감정을 폭발시켰다.

이 인터뷰를 기초로 아사히 신문의 다양한 기사가 확대 재생산된 것이 위안부 문제가 탄생한 큰 배경이다. 한국에도 벌컥 불이 붙기 시작했다. 여기서 사기 인터뷰라는 표현은 조선에서 '일본군 위안부'가 없었다는 뜻이 아닌, 두 권의 책에 제주도에 관한 엉터리 거짓 체험 수기에 대한 표현이다. 요시다 증언 검증으로 1989년 제주도의 향토 사학자와 일본의 역사학자는 요시다가 진술한 지역에 가서 해당 지역 현지 주민들에게 증언을 들었으나 이는 입증할 수 없는 허위였음이 확인되어 결과를 제주신문에 발표했다. 제주일보는 이를 "상술"로 엉터리 체험 수기를 출판했다고 비판했다. "요시다 세이지의 증언은 허위로 판명됐지만 위안부 문제의 본질을 흐리지 않으며 잘못에 대해선 사과하는 게 옳다"고 밝혔다. 이 위안부 문제가 크게 확산 되면서 1992년부터 정의기억연대 수요 집회인 '위안부 할머니 집회'가 1회 열렸고 2024년 현재 1600회를 넘겼다.

혐한과 반일 운동을 정리해보면, 혐한의 역사는 대단히 짧으나 일본인들 입장에서 혐한은 우리의 역사관과 다르다. 그들은 지속적인 반일에 지쳐서 터져 나온, 극우들이 벌인 행동을 국회의 친한파도 동조하며 방조한 것으로 추론한다. 반일 운동의 역사는 뒤늦은 식민지 지배의 기억에서 왔으나 역사에 묻혀있던 사건을 일본인 작가가 제기한 위안부 문제가 엄청난 폭발력을 가져왔다. 그 후 독도의 영유권 문제는 일본 국회에서 자주 자국 영토임을 주장하면서 만들어졌다. 이에

질세라 한국 국민들의 감정은 식민지 시대 전체를 소환하게
만들었다.

급고령화 사회 한국, 초고령화 사회 일본

'역사는 반복된다.'라는 말의 힘은, 늘 개인이나 국가가 위기의식을 가지게 한다. 위기의식을 갖게 하는 것은 비단 경제적인 분야에 국한된 것이 아니다. '역사는 반복된다.' 이 말은 '고령화'에는 잘 쓰지 않지만 우리가 역사에서 그 무엇을 배우고자 하는 간절함을 가진 말이다. 가장 우리를 우울하게 하고 무거운 울림이 있는 비극의 '고령화'는 역사의 반복 표현이 아닌 생리적인 한계성을 가진 인간이기 때문이다. 우리나라는 고대사에서는 일본보다 선진국으로서 가르치는 위치에 있었다. 그러나 근대사에서는 늘 학문과 경제 등 전반에 있어서 일본으로부터 배워왔다는 사실은 부인할 수 없다. 이러한 사실을 기반으로 잡학으로나마 고령화 사회를 먼저 준비한 일본을 통하여 우리의 미래를 위기 의식을 가지고 극복할 수 있기를 기대한다.

나이를 기준으로 하는 '고령자'는 아직도 많은 국가에서 65세를 기준으로 데이터를 작성한다. 2015년에 유엔(UN)이 체질과 평균 수명 등을 고려한 평생 연령 기준 5단계만 보면 위안이 된다. 그러나 우리가 위기의식을 느끼고 불안해하는 이유는 대부분 자료에 고령자가 경제적 준비가 안 되어 있다

고 하기 때문이다. 잠시나마 유엔의 연령 기준을 보면서 위로
를 느껴보자.

*미성년자 : 0세 ~ 17세 *청년 : 18세 ~ 65세 *중년 : 66세 ~ 79세
*노년 : 80세 ~ 99세 *장수 노인 : 100세 이후~

먼저 한국의 노령화 현실을 보고 일본의 다양한 데이터
를 보고자 한다. 대한민국은 TV에서 정치인이면 여당도 야
당도 경쟁하듯 출산율 저하를 걱정하며 대책 마련의 아이디
어를 내놓는다. 한국이나 일본이나 그 아이디어는 지출을 늘
려서 출산을 장려하지만, 하나님이 세상 설계를 그리하셨는
지 출산 증가는 그리 간단하지가 않다. 일본의 베스트셀러 작
가 사카모토 씨의 "진짜 정년 후 (ほんとうの定年後)"를 참고
하면 2022년 기준 한국의 출산율은 0.78명, 일본은 1.3명이
다. 고령층 비중은 한국 18% 일본이 29%다. 고령층 빈곤율
은 한국 43% 일본이 20%이니 그 심각함이 피부로 느껴지고
이 수치는 OECD 평균인 14.8%의 약 3배 수준이라니 입이
벌어진다.

뭐가 그리도 급한지 노인의 나라 일본을 따라가는 것
도 빨리빨리 이기려 안달이 나 있다. 필자가 태어났던 시대,
1960년대 한국의 평균 수명은 55세였으나 2021년 기준

83.6세로 크게 늘었다. 한국은 고령화가 KTX보다 빠른 일본의 신칸센 속도보다도 빠른, 인류 역사상 유례가 없는 수준이란다. 이러다 보니 각종 언론은 먼저 노령화 사회로 접어든 일본을 보고 학습하자고 난리다. 한국의 65세 이상 노인 비율이 '고령화(化) 사회'의 기준인 7%에서, '고령 사회'인 14%로 2배 증가는 18년으로 일본 노령화 신칸센 스피드를 가볍게 추월한 것으로 나타났다. 유엔의 발표에 따르면 2025년 한국은 노인 비율 20%를 넘어서며 초고령 사회에 진입할 것이란다.

일본의 고령화율을 들여다보자. 2022년 기준의 고령화율을 지방별로 보면 1위가 아키타현(秋田県)이 38%로 1위다. 2045년이 되면 50%로 2명중 1명이 고령자가 된다니 무서운 현실이 성큼성큼 다가오고 있다. 수도인 도쿄는 역시 젊은이들이 모여들고 있기에 47위로 제일 기분 좋은 꼴찌다. (오키나와현 46위, 오사카부 41위)

2045년 고령화율 전망치는 상위 5개 현이 모두 동북지방으로 되어 있어 심각하다.

총인구가 감소하는 가운데 고령자 인구는 3627만 명으로 역대 최다이고 총인구에서 고령자 비중은 29.1%이니 사상 최고치 갱신이다.

　일본도 지겹도록 정치인들이 출산율을 높이기 위한 아이디어를 내놓았지만 역부족이다. 이제는 이민을 적극적으로 받아들여야 한다는 의견에 경청하는 사람이 늘어나고 있다. 여기서 출생률 저하를 막기 위한, 필자가 경험한 일본 정부의 대처 방안을 공유해 본다. 기본적으로 한국과 일본은 성인이 되면 20세가 넘으면 국적을 선택하게 법으로 규정하고 있다. 어느 날 도쿄의 구청에서 아이들의 국적 선택 상담 중에 새로운 사실을 알게 되었다. 상담자의 상세한 설명은 "어느 국가든지 출생률 저하를 원하지 않습니다. 법으로는 성인이 되면 국적을 선택하게 하고 있지만, 현실은 선택하지 않아도 법으로 벌을 주는 행위는 하지 않습니다."라는 대답을 받았다. 이 설명은 '제발 일본 국적으로 해주세요'라는 표현이 진하게 깔린 것이다. 일본의 출산율 저하를 줄이기 위한 현장의 대처 방안을 확인하는 순간이었다.

※ 그래프로 보는 일본 고령자 인구 비율

2022년의 고령자의 총인구에서 차지하는 비율을 비교하면, 일본(29.1%)은 세계에서 가장 높다. (아래)

表3　高齢者人口の割合（上位10か国）（2022年）

順位	国・地域	総人口 （万人）	65歳以上人口 （万人）	総人口に占める 65歳以上人口の割合 （%）
1	**日本**	**12471**	**3627**	**29.1**
2	イタリア	5904	1420	24.1
3	フィンランド	554	129	23.3
4	プエルトリコ	325	75	22.9
5	ポルトガル	1027	235	22.9
6	ギリシャ	1038	237	22.8
7	マルティニーク	37	8	22.8
8	ドイツ	8337	1869	22.4
9	ブルガリア	678	152	22.4
10	クロアチア	403	90	22.4

資料：日本の値は、「人口推計」の2022年9月15日現在
　　他国の値は、World Population Prospects: The 2022 Revision (United Nations) における将来推計から、
　　人口10万以上の200の国及び地域の2022年7月1日現在の推計値

(위의 그래프 1위 - 일본 2위-이탈리아 3위-핀란드 4위 - 푸에리토리코 5위 - 포르투갈 6위 - 그리스 7위 - 마르티니크 8위 - 독일 9위 - 불가리아 10 - 크로아티아)

※ 아래의 그래프에서 주요국 2022년 나이별 고령자 인구 비율에서 두 항목 모두 일본이 가장 높다. (한국은 7위)

図2　主要国における高齢者人口の割合の比較（2022年）

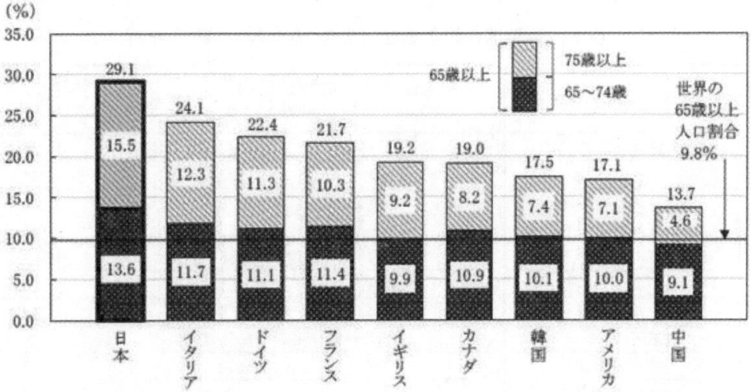

(%)

| | 75歳以上 | 65〜74歳 | | 世界の65歳以上人口割合 9.8% |

65歳以上

資料：日本の値は、「人口推計」の2022年9月15日現在
他国の値は、*World Population Prospects: The 2022 Revision* (United Nations) における将来推計から、
2022年7月1日現在の推計値

※ 아래 그래프 주요국 고령자 인구 비율의 추이

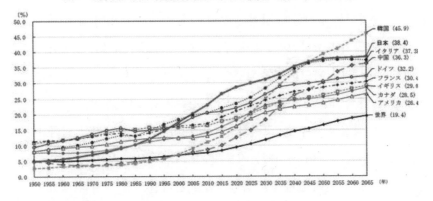

図3　主要国における高齢者人口の割合の推移（1950年～2065年）

資料：日本の値は、2020年までは「国勢調査」の10月1日現在、2025年以降は「日本の将来推計人口（平成29年推計）」
　　　出生（中位）死亡（中位）推計（国立社会保障・人口問題研究所）の各年10月1日現在の推計値
　　　他国の値は、*World Population Prospects: The 2022 Revision* (United Nations) 各年7月1日現在の推計値

　이 그래프는 한국이 철저한 준비를 하지 않으면 2040년
이 넘어서면 고령자 수가 일본을 추월하여 세계 1위를 한다
는 끔찍한 현실을 알려준다.

상기의 다양한 그래프에서도 나타나듯 일본은 현재 초고령 사회의 1위 국가이다. 33년간 일본에 거주하면서 끝없이 추락하는 출산율을 경험하고 있으며, 사회가 활력이 없는 것도 많이 느꼈다. 이제 한국이 고령화 사회로서 일본을 추월하는 시기도 확연히 예측되었다. 한 나라가 고령화에 얼마나 대비가 잘 되어있는지를 평가하는 지수는 두 가지가 있다. '소득 적절성 지수'는 고령화에 대비해 삶의 질을 유지할 만큼 노인의 소득이 준비됐는지를 평가이고, '재정 지속가능성 지수'는 노인에게 제공할 공공지출을 견뎌낼 만큼 국가의 재정이 탄탄한지를 평가한다. 이 두 가지 지수에서 알 수 있듯이 결국 경제적 준비이다. 개인과 국가가 함께 준비되지 않으면 노인의 빈곤은 피할 수 없는 공포를 맞이하는 것이다. 초고령 사회 일본을 교훈 삼아 한국의 미래를 고령자의 미래를 좀 더 아름답게 설계되기를 바라는 마음이 간절하다.

아날로그 강자 일본에 배울 것

디지털 시대가 끝을 모르고 거침없이 질주하고 있다. 그렇다고 아날로그는 구시대의 산물인가? 아니다. 아날로그는 영원히 없어지지는 않을 것이다. 일본의 아날로그 사랑도 영원할 것이다. 이는 그들의 DNA다. 아날로그의 기반 없는 디지털 시대는 있을 수 없기에 아직 배울 것이 많다. 일본인들의 아날로그 사랑은 특별나다. 카드 결제 통계에서도 확연히 드러나는데, 국내에서는 약 98% 전후가 카드 결제라면, 일본 사업 현장에서 느끼는 비율은 40% 정도이다. 요즘은 카드를 대체하는 다양한 Pay로 결제가 급격히 늘어나고는 있다. 한편 일본의 지나친 아날로그 사랑에 걱정도 앞선다. 역사는 한 시대의 성장 원동력이 영원하지 않았다. 변하지 않으면 구시대의 성장 원동력은 첨단 시대에 장애물로 순식간에 바뀌는 것이 역사가 우리에게 가르쳐준 비밀이었다.

일본이 아날로그 강자의 지위로 세계를 주름잡던 시절이 생각난다. 필자는 1991년 5월에 거주를 목적으로 일본에 입국했다. 아날로그 제국 일본이 세계를 휘젓다가 거품이 꺼져 가고 있던 시기였다. 불경기의 시작이라 해도 석양의 노을은 아름다웠다. 잃어버린 30년간의 길고도 긴 불경기의 시작을 그 누구도 상상을 못 하던 시절이었다. 아직 아키하바라의 불야성은 관광객들로 넘쳐나고 있었고 모두가 일본의 아날로그 장인들이 만들어낸 최첨단 제품에 엄지손가락을 추켜세웠다. 한국과의 품질의 격차는 하늘과 땅 차이였고, 용산 전자상가는 일본 제품이 없어서 못 팔았다. 돈이 없던 젊은이들은 한국으로 귀국하기 전 반드시 아키하바라를 쇼핑했다. 당시 브이오디 플레이어 두 개만 구매해 용산 전자상가에 팔면 비행기 삯을 빼고도 며칠간 맛집에서 식사가 충분했다. 필자는 물론이고 유학생들 사이에도 일본 제품을 구매해서 한국에서 파는 것이 유행처럼 퍼져 나갔다. 당시 한국인들은 늘 일본에 뒤처져 있다는 사실이 힘들었지만 그 차이를 메울 수 없다고 단정하며 당연시 한 시기였다. 이 아련히 떠오른 먼 기억은 필자에게 일본의 제조업 아날로그의 힘이 어느 정도 강했는가를 알게 한다.

대표적인 아날로그 도장을 행정 절차에서 폐지를 지키겠다고 한
고노 다로 행정개혁 담당상 사진

우리의 자랑은 디지털 기술을 선도하고 있다는 자부심이다. 그러나 디지털 기술이 더 앞서기 위해서는 삶의 기초가 되는 아날로그를 더 갈고 닦아야 한다. 아날로그의 기반 없는 디지털 시대는 있을 수 없기에 아직 배울 것이 많다. 디지털은 편리하지만, 따뜻한 온기를 가진 인간적 감성은 빼앗아 가버렸다. 사람들은 메일이나 SNS의 소통은 영혼이 없는 감정 전달인 것을 느낀다. 때로는 인간적이지 못한 소통이라는 생각에 피로감을 느끼기도 한다. 몇 년 전 필자는 귀한 벗에게 시인 등단의 기념으로 고급 만년필을 선물 받았다. 그 기념으로 1년에 손편지 100통을 써 보내는 나만의 이벤트를 한 적이 있다. 반응은 뜨거웠다. 편지는 악필이었으나 디지털 시대에 손편지라는 사람 냄새에 환호했던 것이다. 일본인들은 아직도 연말이면 연하장을 많이 사서 손수 새해 인사를 쓴다. 우리는 일본인들보다도 정이 더 많은 민족이라고 모두가 생각한다. 그러나 소통에서는 한국인의 정(情)적인 소식 전하기를 아날로그 방식은 택하지 않는다.

디지털 시대는 한국이 일본보다 여러 면에서 압도적으로 강자다. 한국의 카카오가 나올 때 일본의 국민 SNS인 LINE은 한국의 포털사이트 네이버가 만들었다. LINE이 압도적 우위에 있음에도 한국 회사가 만들었다는 것을 일본인들은 잘 모른다. 참 자랑스럽다. 인류는 스포츠 뿐만 아니라 경제에 있어서도 빠름이 승리이고 진화를 의미했다. 그러나 편리해졌음에도 사람들은 그 승리에 만족하지 못했다. 오히려 공허함을 느끼며 행복지수는 떨어지고 아날로그의 감성을 그리워하고 있다. 이는 고속 열차 시대에 사람 냄새가 가득한, 조금은 소란하기도 한 완행열차를 타고 여행을 하고픈 마음이다. '디지로그'라는 단어를 들어본 적이 있을 것이다. '우리 시대의 최고 지성'이셨던 전 문화부장관 故 이어령 선생님이 제시한 개념이다. '디지털이 주도하고 있는 이 시대에 사이버의 디지털 공동체와 아날로그 공동체를 이어주자는 개념'이다. '디지로그'는 아날로그 사회에서 디지털 사회로 넘어가는 과도기 과정을 겪고 있는 기술 산업 분야의 시장에서 좋은 디지털 기술이란 인간적이고 따뜻한 아날로그 감성을 포함해야한다는 인식에서 등장하였다. 아날로그는 절대 없어지지 않는 바탕이 되는 기술인 것이다. 이어령 선생은 '축소지향의 일본인'이라는 책으로도, 일본의 TV 문화 논객으로도 인기가 많으셨던 분이다.

우리의 디지털 기반은 세계적으로 선두 그룹이다. 선두를 지키기 위해서는 인간적인 감성을 가진 일본적 아날로그를 접목시켜야 한다. 마케팅에서도 아날로그 감성으로 설득

해야 하기 때문이다. 요즘 명품의 트렌드는 디지털 시대에 일본적인 따뜻한 손맛이 살아있는 수제 아날로그 제품을 많이 찾는다. 특히 가장 디지털과 친숙하다고 여겨지는 '밀레니엄 세대'가 더 아날로그를 찾고 있다니 신기할 따름이다. 아날로그의 강자 일본 제품에 늘 따라다니는 수식어는 '완성도가 높다.' 였다. 이 완성도란 일본인들의 국민성에서 나오는 꼼꼼함이 빚어낸 제품인 것이다. 특히나 자국의 제품에 대한 만족도가 상상 이상으로 높아서 아직도 한국 제품이 일본에서는 저평가되고 있다.

아날로그의 강점은 완벽히 복사가 안 되기에 귀한 것이다. 이 시대의 대표적인 기업은 디지털의 제국을 만든 세계적기업 애플이다. 그들은 다양한 기능을 통합한 편리한 디지털시계를 좀 비싸게 판매한다. 그러나 일본과 같이 아날로그의대표적 국가 스위스의 시계는 다기능은 아니나 금액 면에서압도적 고가로 팔리고 있다. 세계 5대 명품 시계 중 네 개가스위스 회사다. 스위스 아날로그 시계의 값은 상상을 초월하는데, 1위인 [파텍 필립]의 시계는 1500~2000만 원이다. 이렇게 비싸도 부유층에게 인기가 많다. 한국의 산업이 부가가치를 입혀 고가로 팔기 위해서는 아날로그와 함께 가야 할 이유가 여기에 있다.

아날로그는 하나밖에 없는 가치의 고귀함을 갖는다. 인간은 편리함도 추구하지만 인간적 감성을 느낄 수 있는 아날로그에서 차별화 된 멋과 더 편안함을 느낀다. 아날로그라는 개념이 없었다면 디지털은 절대 등장할 수 없었다. 아날로그의 가치는 소중하다. 디지털 시대가 세상을 더 진보시켰지만 우리는 아날로그 시대에서 아직 배울 것도 많다. 디지털이 세상을 더 편리하게 지배하고 있으나, 아날로그의 불편함은 재평가 되었다. 인간적이고 따뜻함으로 포장되어 있기에 그리워하고 있다. 우리는 아날로그 시대의 강자 일본에게 더 배워야 한다. 미래의 부는 최첨단 디지털 기술도 매끄러운 디지로그라는 끈을 통해서 아날로그의 인간미를 덧붙여야 더 큰 부가가치가 발생하기 때문이다.

일본을 방문해 본 적이 있다면 알 것이다. 서비스업은 하나님이 일본에게 내리신 선물이라는 사실을 곳곳에서 느낄 수 있다. 일본인들은 서비스업에 최적화된 민족이라 해도 무방하다. 빨리빨리의 편리함에서 조금씩 누적된 스트레스는 한 박자 쉬어가는 아날로그적 느림의 미학을 가진 일본에서 편안함을 느낀다. 이미 오래 전인 1990년대에 오스트리아에서 '시간 늦추기 모임'이 만들어졌고, 이탈리아에서는 '슬로시티(slow city)' 운동이 전개되었다. 이들은 세상은 더 이

상 디지털 세계의 빨리빨리만을 원하지 않는다는 것을 증명
한 것이다. 한국이 일본보다 더 잘 살아도 아날로그적인 서비
스업은 절대 일본을 넘어설 수 없다. 이것이 일본의 국민성이
기 때문이다. 반대로 한국은 절대 스피드와 역동성 면에서는
일본보다 늘 앞선다고 확신한다. 이 또한 우리만이 가진 멋진
국민성이다. 여기서도 우리는 일본과는 뗄래야 뗄 수가 없는
보완적 관계임을 느끼게 된다.

제 4 장

한국인인 당신이 모르면 손해 보는
일본의 잡학 지식 최고 5가지

국가 명칭은 두 번 탄생했다.

국호는 그 나라를 나타내는 이름이다. 국명이라고도 부른다. 국호에는 국가의 정체성을 포함하고 있는 경우가 많다. 대한민국은 한국이라 부르며, 한(韓)민족을 상징하는 단어와 민국(民國)이라는 공화국의 뜻이 들어있는 민주공화국 체제를 선명하게 나타내고 있다.

다른 나라의 국호에서도 공화국이나 제국, 왕국이라는 체제를 나타내는 단어가 있다. 미국은 정식 명칭이 아메리카 합중국(合衆國)으로서 연방 공화국이다. 북한은 조선민주주의인민공화국으로 표기하며 그들의 체제를 표현하고 있다. 모든 국가가 꼭 이렇게 형식을 취하고 있는 것은 아니다. 섬나라를 선명하게 나타내는 국가들도 있는데, 솔로몬 제도와 마셜 제도 공화국이 그렇다. 일본의 경우에는 체제를 표시 없이 그냥 [일본국-日本國]이라 한다.

일본의 국가 명칭은 두 번 탄생했다. 왜 두 번 탄생했을까?

첫 번째, [日本] 이라는 국가 명칭 탄생은 언제였을까? 그 시기는 7세기 성덕 태자 때 일이다. 당시 상전이던 중국에 공식 문서를 보낼 때 처음으로 '해가 떠오르는 곳'이라는 의미를 담아 [日本] 이라는 국가명을 만들어 사용했었다. 그럼 [日本] 이라는 국가 명칭을 쓰지 않았을 때는 어떻게 했을까? 다른 명칭이 있었다. 그것이 바로 왜(倭)이다. 한국인들이 오랫동안 불렀던 말이기도 하다. 이는 중국 삼국지 시대부터 유래했고, 일본은 덴무 천황 때부터 사용했다고 한다. 왜(倭)는 일본에서는 와국(和國)이라고도 부르는 말이다. 이것도 하나의 가설이다. [日本] 이라는 국가명은 중국 측에서 보아서, 일본은 동쪽이므로 '해가 떠오르는 곳'으로 정했다는 설도 있다.

성덕 태자는 일본 고대사에서 한반도에서 불교를 받아들인 연결점에 있는 아주 중요한 인물이다. 단순 잡학이 아닌 지적 대화가 되는 역사이다. 성덕 태자는 일본 발음으로 쇼토쿠 타이시(聖德太子, 574년~622년)로 일본 아스카 시대의 황족이자 정치가였다. 요메이 천황의 장남이고 어머니는 긴메이 천황의 황녀 아나호베노 하시히토 황녀(穴穂部間人皇女)이다. 성덕 태자는 일본에서 상당히 존경받는 인물로서 10000엔 지폐에 등장하기도 하였다.(일본은 지폐의 인물을 가끔 바꾼다.) 지폐의 그림은 일본 고대 출발점의 사찰 아스카데라를 완공했을 때 축하차 백제 아좌 태자가 사절로 가서 그려준, 일본 역사의 보물이 된 [쇼토쿠 예진(睿眞)] 그림이다.

만엔 지폐에 그려져 있는 성덕태자의 그림

일본 고대 아스카의 지리적 환경은 조금 다르다. 일본은 화산 지형으로 산들이 높고 계곡은 깊다. 참고로 일본의 최고봉 순위 1위 후지산은 3776m이고 ~ 10위의 오오바미미다케산은 3101m이다. 우리 백두산은 일본의 10위 보다 낮은, 2744m 한라산은 1947m다. 이렇게 높은 산이 즐비한데 아스카역에 도착해서 보이는 산들은, 어찌도 이리 한반도의 지형을 닮았을까 하고 필자는 잠시 한국의 뒷동산을 보는 듯했다.

일본 역사 속 성덕 태자의 가장 큰 공적은 538년 불교가 전래하여 공인되게 했다는 것이다. 모든 국가에는 전통 종교가 존재하는데, 일본에는 전통 종교인 신도(神道)가 있다. 신도는 우리가 일본에서 자주 보게 되는 건물인 신사(神社)로서, 유일신이 아닌 다양한 신을 모시는 장소다. 불교가 일본에 전해지기까지 많은 어려움이 있었다. 성덕 태자 시절의 조정은 불교의 수입을 반대하는 배불파와 불교를 받아들이자는 숭불파가 대립하고 있었다. 용명 천황이 죽자 바로 두 파는 불교의 수용을 둘러싸고 전쟁을 치렀다. 성덕 태자는 숭불파로서 불교 수용의 최대 공로자이자 외할아버지뻘 소가 씨가 승리했다. 이 사건으로 일본에 찬란한 불교 문화의 시대가 열렸다. 성덕 태자는 불교를 포교하기 위하여 개인 재산을 털어

법륭사, 고류지, 시텐노지 등등 절을 많이 지었고, 17조 헌법을 만들며 선악의 기준을 불교 교리에 두며 적극적인 지원을 하였다.

우리 역사가들은 한반도에 뿌리를 두고 있다는 설의 성덕 태자에 대한 애착일까, 불분명한 일본 역사에 불만을 품고 있다. 일본 역사서 〈성예초〉나 〈부상략기〉의 고대 기록에 분명 존재하는, '백제 성왕의 화신 성덕 태자'에 관한 기록을 더 철저히 밝히지 않기 때문이다.

두 번째, [日本] 의 국가 명칭 탄생은 메이지 시대부터이다. [日本] 의 국가 명칭이 두 번 탄생했다는 것은 어디까지나 필자만이 가진 논리다. 첫 번째가 외형적으로 명칭만 정해 놓은 탄생이라면, 두 번째는 전 국민이 [日本] 의 국가 명칭을 내적으로 제대로 받아들인 탄생이라 할 수 있다.

일본의 메이지 시대란 모든 것을 바꾸어 놓은 시대다. 봉건 시대의 종말을 의미하며, 모든 사무라이가 모든 칼을 내려놓고 사라진 시대다. 우리에게는 상스러운 말로 들리는 '존마개'라는 긴 상투를 모두 잘라버린 시대다. 아시아에서 처음으로 근대화의 깃발을 올려 크게 성공한 시대다. 잡학으로서 간단한 일본 역사를 더 살펴보자. 메이지 시대란? 가마쿠라 막부, 무로마치 막부, 마지막의 에도 막부로 이어진 봉건체제를 폐하고 들어선 근대 국가였다. 페리가 일본에게 개항을 요구하며 위협하자, 사무라이들이 서양 오랑캐를 물리치자는 〈존왕양이(尊王攘夷)〉를 외치며 만든 시대다. 또 메이지 시대란? 역사의 뒤안길에 있던 천황을 전면에 세우는, 군주제를 무력으로 부활시키는 〈왕정복고(王政復古)〉를 함께 성공시킨 시대다.

위 설명에서 두 번째로 [日本] 국가 명칭이 탄생한 것은, 전 국민이 내적으로 국가명을 받아들이는 탄생이라 했다. 무슨 뜻이겠는가? 마지막 봉건 시대인 에도 막부 시대 국민들은 약 260개 전후의 각 현(번藩) 의 이름을 국가명처럼 쓰고 있었기 때문이다. 7세기에 성덕 태자가 국가 명칭을 '해가 떠오르는 곳'이라는 의미를 담아 [日本] 이라고 했지만, 고대 국가에서 남아있는 기록에 불과했다. 모든 국민은 에도시대까지 작은 국가 단위인 각 현(번藩) 만이 국가로 인식했기 때문이었다.

메이지 시대는 근대화로 가며 중앙집권적 정치 체제가 들어섰다. 세계 속 일본[日本]을 알리기 위해, 과거의 현(번藩)

은 없어졌으니 대신하는 국가 명칭의 필요성을 모두가 알게 되었다. 일본에서는 아직도 봉건 시대 인사법이 남아있는데, 그것은 고향이 어디냐고 물을 때 "~국가(國家)가 어디입니까? (お国はどこですか)"라고 묻는다. 이때 국가라는 말은 봉건주의 때의 각 영지인 약 260개 현(번藩)을 가리키는 말이다.

천황은 신인가? 인간인가? & 일본인인가?

천황은 신인가? 인간인가? 라는 질문의 답은 일본인들의 애매한 기준으로는 알기가 힘들다. 분명한 것은 일본인들은 천황이 신화에서 시작되었다고 믿고 있다. 먼저 천황에 대한 간단한 정보를 알고 들어가자. 일본의 천황은 혈통이 현재까지 바뀌지 않고 126대로 이어지고 있다고 하며, 이를 [만세일계 · 万世一系]라고 한다. 메이지 정부부터 한마디로 일본 황실이 한 번도 혈통이 단절되지 않았다는 혈통의 순수성을 새롭게 학설을 정리하고 교육을 시켰다. 이 절대성을 강조하기 위해서 일본 제국 헌법의 제1조 1항에도 [만세일계]라는 용어를 기술하였다. 역사 속 천황이 실존했다는 여부는 15대부터 설과 26대부터 설이 존재한다. 일본은 오늘날까지 천황의 연호를 사용하는 유일한 국가이다.

세계의 모든 나라는 신화가 존재한다. 유럽의 여러 국가도 그들만의 건국 신화를 가지고 있다. 특히 그리스와 로마는 역사를 만든 국가로서 유럽 각국의 건국 신화에 큰 영향을 미쳤다. 세계 여러 나라의 건국 신화는 서로 공통점을 가지고 있다. 교통과 통신이 발달하지 않은 시대에 멀리 떨어져 있는 국가 간의 건국신화가 비슷한 것이 미스테리다. 일본의 천황

은 유럽의 국왕보다 더 신격화하여 신비하게 포장한 기술은
대단하다.

　　역사 속 신의 숫자는 워낙 많아서 잡학의 소개로서는 적
절치 않아 단순하게 소개를 한다. 천상계 타카마가하라(高天
原)에 세 신이 출현하여 창조의 신 이자나기와 이자나미라는
남매 신을 낳았다. 남매가 결혼하여 새로운 섬들을 늘려갔다.
둘은 아마테라스(태양), 츠쿠요미(달), 스사노(전투의 신) 등
의 신들을 낳았다. 일본은 창조의 신이 된 이자나기가 낳은
[아마테라스 오미가미(天照大神)]라는 신으로 정식 출발된 나
라다. 아마테라스 오미가미는 일본의 전통 종교 신도(神道)의
최고 신이고 천황 황실의 조상신이다. 단순히 말하면 태양을
신격화한 여신이다. 신도의 본부는 미에현에 있는 이세 신궁
이다. 신도는 세계적으로 확산되어진 종교가 아니며, 유일신
종교도 아니다. 신도의 형태를 알기 쉽게 설명하면 예배당이
나 불당과 같은 건물에 해당하는 것이 신사다. 일본의 신화와
천황의 접점은 아마테라스 오미가미의 손자 [니니기노 미코
토(瓊瓊杵尊)]다. 이 손자에게 삼종신기(검, 거울, 구옥)와 함
께 지상으로 내려 보냈고 그 직계 후손이 바로 천황이라는 것
이다.

일본의 근대화시대 메이지천황

천황이 신인지 인간인지는 일본 학자의 설명을 읽어 본후 결론을 내리자. 먼저 역사적으로 분명한 선을 그은 사건이 2차 대전의 패망이다. 우리는 2차 대전이 일본의 패망으로 끝났다는 것과 연합군 최고사령부(GHQ)의 최고 사령관인 더글러스 맥아더 장군의 위대한 업적을 잘 기억한다. 인천 상륙작전을 성공도 시켰지만, 그전에 맥아더 장군에 의해 1946년 1월 1일 히로히토 천황이 자신의 신격을 부정하는 인간 선언을 하게 한 것을 세계는 기억하고 있다. 일본국 헌법 1조는 [천황은 일본국의 상징이며 일본 국민 통합의 상징으로서 이 지위는 주권을 가지는 일본 국민의 총의에 기초한다]로 규정되어 있다. 현재의 법으로는 상징성만으로 존재한다. 그러나 이웃들은 다시 천황을 신격화하며 전체주의 국가로 돌아갈까 걱정했다. 그 근거는 맥아더 장군의 관리하에 일본 학자들이 헌법 초안을 만들었을 때, 천황이 일본을 통치할 수 있도록 했기 때문이다. 당시 맥아더 장군은 헌법 초안을 가지고 왔을 때 보기 좋게 퇴짜를 놓았고 전쟁이 불가능한 평화 헌법을 만들었다. 시간이 많이 흘렀다고 하지만 일본에 식민지화 되었던 국가들은 일본인들의 천황에 대한 충성심이 식지 않았음을 아직도 확인하고 있다. 물론 당시의 국민 정서와 현대는 많이 다르지만 현재 일본의 국민 정서는 여전히 천황제 유지에 대다수 찬성하고 있다.

그러면 천황은 정말 신이었던가? 라는 의문을 가지게 된다. 저명한 '일본 평론가'인 야마모토 시치헤이 저서인 〈일본인이란 무엇인가〉에서 구체적으로 나와 있다. 일본의 존경받는 역사학자인 쓰다 소키치 박사는 "천황은 결코 원래부터 신이 아니다"라고 선을 그었다. 그의 학자적 논리는 우리가 가진 천황관과 많이 다르다. 그는 현인신이란 무엇인가? 라며 질문을 던지며 "만약 천황이 신(God)라면 아직도 일본은 아직도 신의 시대이다. 지금 천황은 인간의 시대에 살고 있다. 천황은 신을 모시는 자이지 결코 신으로 모셔지는 대상이 아니다"라며 학술적으로 부정했다. 또 한 가지를 덧붙였다. "천황은 기도의 대상이 되었던 적이 없다"고 잘라 말했다. "천황에게 '병을 낫게 해달라, 불행이나 재앙에서 구해 달라. 행운을 달라'고 빌었던 예가 없다"는 것이다. "오히려 어려운 상황에 처하면 오히려 천황이 신에게 빌었고, 실제로 통치 행위를 행사한 예는 거의 없다"며 강변을 한다. 그러면 왜 신이 아닌데 굳이 맥아더 장군이 인간 선언을 하게 했을까? 이는 학문적인 설명이 필요없다. 메이지 시대부터 일으킨 약 70년 간의 수많은 전쟁은 부활한, 신격화된 천황의 재가 없이는 불가능했다. 2차 대전이 끝날 때는 쇼화 천황의 무조건적 항복을 선언할 때도 재가가 필요했었다. 신격화의 현상은 라디오를 통해서 항복 선언을 듣고 있던 국민의 모습으로도 충분했다. 모든 국민이 엎드려서 눈물을 흘리며 비통해하던 영상은 천황이 인간이 아니었다. 철저히 신격화되어 있었다. 필자의 친구 아버지도 패망 전까지는 천황이 진짜 신이라고 믿었다며 증언해 주었다.

그렇다고 천황은 인간인가 라는 질문 또한 대답은 쉽지 않다. 위에서 쓰다 소키치 박사가 천황은 기도의 대상이 되었던 적이 없다고 잘라 말했던 것은 인정할 수 있다. 필자가 일본에 살면서 한번도 천황에게 '병을 낫게 해달라, 불행이나 재앙에서 구해달라. 행운을 달라'고 비는 행위를 본 적이 없기 때문이다. 또 천황의 실제 업무를 보면 국가가 어려운 상황에 처하면 신에게 기도한다는 내용도 있다. 그러나 신앙은 흔히 신흥 종교나 절대 군주 국가에서 나타나듯 학술적으로는 설명할 수 없는 다양한 형태로 신으로 추앙을 받는 경우가 많다. 일본의 천황이 아무리 인간 선언을 하였다고 하더라도 어쩌면 국민의 마음속에 천황이 어떻게 존재하느냐가 더 중요할 것이다. 신도는 천황을 중심한 샤머니즘적 신앙이기도 하고 모든 사물에 신이 존재한다는 토테미즘적 신앙을 가지고 있기 때문에 외국인에게는 신도 인간도 아닌 위치에 있는 듯 보인다.

마지막으로 천황은 일본인인가? 라고 질문을 했을 때 이 또한 양파껍질을 벗기듯 알맹이가 없다. 누가 천황을 일본인이 아니라고 하겠는가. 그러나 천황은 국민으로서의 요소를 갖고 있지 않기 때문에 '천황은 일본인인가?'라는 질문이 나오는 것이다. 일본 국민이라면 누구나 가지고 있지만 천황이기에 없는 것이 몇가지 있다. 첫째 - 성이 없다. 둘째 - 주민표와 호적이 없다. 셋째 - 여권이 없다. 넷째 - 자유로운 인권이 없다. 필자는 오히려 독자에게 물어보고 싶다. 천황은 인간인가?

아래는 천황에 대한 자료를 참고하며 이 주제를 마친다.

- 천황족의 범위 - 천황의 직계 가족 또는 결혼한 여성은 제외되고, 천황의 친족에서 남성 쪽의 혈족과 그 배우자까지 천황족 범위다. (천황족 범위는 가끔 조정을 한다.)

- 천황가 거주지 - 거주지인 황거는 도쿄역 옆 노른자 땅으로(국가 소유), 도쿄돔 경기장 약 25개 규모. 공시지가로 약 40조 엔.

- 황실예산 - 2019년 기준으로 황실내 생활비 3억 2400만 엔. 황족비(품위 유지비) 2억 6400만 엔. 공적인 활동비 111억 4900만 엔.

일본의 나라꽃은 사쿠라(벚꽃)가 아니다?

일본의 나라 꽃은 사쿠라(벚꽃)인가? 맞다. 나라 꽃은 사쿠라지만 또 하나의 꽃이 있는데 그것은 꽃잎이 넓은 국화이다. 일본의 나라 꽃은 두 가지기 때문에 잡학으로나마 살짝 기억해 두는 것이 대화가 풍성해진다. 각 나라에는 그 나라를 상징하는 꽃이 정해져 있다. 그 나라 꽃을 알면 그 나라의 또 다른 풍경이나 국민성, 관광지도 떠오르기가 쉽다. 사쿠라는 아름답게 활짝 피었다가 한꺼번에 지는 화려함의 의미로 미혼의 여성이나 사무라이로 의인화하기도 한다. 일본의 대표적인 꽃은 국가 차원에서, 외국에 일본을 상징하는 꽃으로 사쿠라를 자주 선물하므로 한 가지라고 생각하기 쉽다.

일본의 두 가지 나라 꽃 중에 먼저 사쿠라에 대해서 잡학의 공부를 시작해보자. 한국에서도 봄에 꽃놀이가 인기가 있듯이 일본도 전국이 들썩들썩한다. 일본에서 꽃놀이는 하나미(花見)라 하며, 하나미는 사쿠라 꽃놀이를 뜻한다. 아마 TV가 생긴 후부터 정착이 되었겠지만 봄만 되면 일본 국토 약 3000키로의 사쿠라 개화 시기를 보도한다. 모든 문화의 발전과 브랜드의 성장 과정은 상류 사회로부터 하류 사회로 확산되어 자리를 잡아가는 것이 일반적인 흐름이다. 골프와 테니스 같은 스포츠 흐름도 마찬가지다. 벚꽃은 나라 시대에도 있었지만 일본에서 고대 신화 이전부터 벚꽃은 신이 머무는 나무로서 신앙의 대상이 되기도 했다. 벚꽃은 일본의 정신에 해당하는 사무라이에 비유되고 꽃잎도 많아 화려하고 바람이 살짝 부는 날이면 떨어지는 군무가 아름답다. 시대가 바뀌면서 전국 각지에서 벚꽃놀이는 귀족의 즐거움과 농경 사회의 풍년을 기원하는 종교적 행사로도 발전해 갔다. 점점 벚꽃놀이가 더 확대가 되면서 에도시대에는 개량화가 되며 벚꽃이 더 다양해졌다.

메이지 이후도 벚꽃의 인기는 식을 줄 몰랐다. 오늘날 일본의 벚꽃길은 홋카이도에서 오키나와까지 즐비하다. 일본의 전국으로 퍼진 벚꽃놀이는 세계에도 알려지게 되어 해외에서 꽃구경을 오는 사람도 해마다 늘고 있다. 또 일본은 나라의 꽃으로서 벚꽃을 세계 각지에 문화 전략으로, 정부와 기업인, 언론인 등이 확산시키기도 한다. 대표적으로 성공한 곳이 미국 워싱턴의 벚꽃놀이 축제다. 워싱턴의 벚꽃은 1912년 도쿄 시장이 3000그루를 워싱턴 DC에 선물했다. 이는 워싱턴의 제일 유명한 축제로 자리를 잡았고 미.일 간의 정치행사로도 크게 발전하자 시샘이 난 중국은 적극적으로 일본에게 벚꽃 축제를 같이하자고 제안 했다가 거절당했다는 에피소드도

있다. 이렇게 사쿠라는 이제 세계적으로 일본 나라꽃으로 사

랑을 받고 있다.

일본의 나라꽃 국화의 역사도 들여다 보자. 국화는 천황의 황실 문장(紋章)이다. 그러니까 귀족의 꽃인 것이다. 이 황실 국화 문장의 역사도 의외로 천황의 역사에 비교하면 오래되지 않았다. 가마쿠라 시대에 고토바 상황이 1180년-1239년 헤이안 말~가마쿠라 초기 외에도 국화를 즐겨 자신의 표시로 애용했다. 여기서부터 국화 문양이 시작되었다. 이후 후카쿠사 천황, 가메야마 천황, 고우타 천황이 자신의 도장으로 계승하면서 관례적으로 국화 문양을 사용했다. 국화 겹꽃무늬의 숫자는 다양하게 사용되었다가, 메이지 시대에 들어와서 현재의 16엽겹표가 황실의 문장으로 정착되었다.

일본의 아주 많은 가게의 입구에는 그 가게를 상징하는 천으로 된 노렌이 걸려 있다. 일본에 잠시 여행만 왔다 가서는 모를 수도 있는 역사가 숨쉬고 있는 문장(紋章)문화와 많이 다르지 않는, 그것은 {노렌暖簾}이라는 문화이다. 일본에도 문장 문화가 있지만 유럽을 중심한 사회는 약 900~1000년이나 된 문장 문화가 존재한다. 그러나 일본은 문장 문화와 노렌 문화 두 종류로 분리 되어 발전하여 왔다. 일본의 문장 문화도 유럽과 같이 먼저 귀족 사회에서 사용이 되어져 왔다. 항상 귀족문화가 그러하듯이 우리가 갖는 족보와 같은 프라이드를 갖는다. 문장 문화는 현대 사회에서는 세계적으로 거의 사라지고 명맥만 유지하고 있다. 그 이름도 로고나 마크로 변형되어서 존재한다. 더 작게는 명함도 한 분류로 인정할 수 있고, 명함의 역사 또한 17세기 유럽에서 귀족을 중심으로 사용되었다고 한다.

일본을 좀 더 정확히 문장 문화와 노렌 문화로 살펴보면 공통된 부분과 차별화된 두 가지가 있다. 공통된 부분이라면 각자의 신분을 나타낸다고 할 수 있고, 차별화 된 부분은 문장 문화는 성씨의 탄생과 같이 유럽처럼 귀족 사회로부터 탄생이 되었다는 점이다. 이에 반해서 노렌 문화는 서민층에서 만들어져 상업을 중심으로 발달이 되어 왔다고 할 수 있다. 일본의 자료에 따르면 문장 문화는 일본이 900~1000년 전부터 있어왔던 유럽보다 앞섰다고 한다. 가문(家紋)의 기원을 처음으로 연구했다는 야마가 소코(山鹿素行)의 주장에서 〈무가사기武家事記〉를 믿는다면 그것은 쇼토쿠다이시(聖徳太子 성덕 태자 574년 ~ 622년) 때부터 시작된 것이며, 집집마다 가문으로 사용된 것은 가마쿠라 시대(1185년 ~ 1333년)의 미나모토 요리토모 때부터의 일이라고 한다. 한편 중국에서도 용龍을 황제의 상징으로 삼기는 했으나 황실의 문장으로 사용된 적은 없었다. 한반도에서는 조선이 일본의 영향으로 배꽃을 형상화 하기도 했으나 왕가에서 문장은 없었다. 그러니 일본의 문장 문화는 중화 문명권에서 만들어진 것이 아니다. 일본의 독특한 환경에서 만들어지고 발전을 해왔다고 할 수 있다.

이렇게 일본의 나라꽃인 두 종류는, 사쿠라(벚꽃)는 서민들에게 사랑을 받은 나라 꽃이고, 국화는 귀족인 천황가에서 사랑받은 나라꽃이다.

사무라이와 할복은 일본인의 정신

일본은 흔히들 칼의 문화라고 말한다. 그 칼의 문화 중심에는 사무라이가 있고 그들의 정신을 드러내는 할복이 존재한다. 그 직업의 탄생과 역할은 9세기 후반부터 무사는 점차 조정 귀족의 신변에 필요해서 무사는 귀족 주위에서 존재한다는 뜻에서 〈사무라이(侍)〉로 부르기 시작했다. 그러니까 사무라이는 많은 무사들 중에 뽑힌 귀족의 신변을 경호하는 특별한 존재를 가리키는 말이다. 칼을 차고 있다고 누구나 사무라이는 아닌 것이다. 반드시 모시고 있는 주군이 있어야 하는 것이다. 사무라이가 아니면서 칼을 차고 있는 사람들의 명칭은 무사(武士), 낭인(浪人), 하급무사(아시가루.足輕) 등으로 불리 운다. 일본에서도 직업의 귀천을 사농공상(士農工商)으로 구분을 하였는데, 한국의 사(士)는 선비였으나 일본의 사(士)는 사무라이(侍)가 인정되었다.

사무라이 문화에 한발 더 들어가보자. 칼잡이가 문화로 정착하기까지는 오랜 무가 정권이 있었고, 특별한 무사 집단인 사무라이가 존재했다. 일본 무가 정권의 수립은 1185년 가마쿠라 막부부터이다. 이후 약 700년 동안 막부가 통치하면서 일본의 천황은 제 역할을 못하고 허수아비 신세로 내몰

리게 되었다. 그럼 무가 정권 탄생 되기까지의 역사를 집어보자. 배경은 10세기 무렵에 왕권이 약화되면서 지방 영주들의 세력 확대와 필요에 의한 귀족의 신분을 보호하는 사무라이가 새로운 지배층으로 등장했다. 막부 체제가 출발할 때 쇼군과 사무라이는 실과 바늘이 되었다. 쇼군은 사무라이들에게 토지를 지급하고 사무라이는 쇼군에게 충성의 의무를 다하는 공생 관계가 된 것이다. 쇼군은 무가 정권인 막부를 세워 전국 통치하는 새로운 정치 형태인 봉건제의 시작이었다. 일본에서 막부의 역사는 미나모토노 요리토모가 1대 쇼군으로 1192년에 창설한 일본 최초의 가마쿠라 막부, 무로마치 막부, 에도 막부 세 번 있었다.

최초의 무가 정권인 가마쿠라 막부의 통치는 천황을 형식적인 존재로 700년간 묶어 두기 시작했다. 최초의 가마쿠라 막부는 150년간 유지되었고 수도는 요코하마가 있는 가나가와현 가마쿠라다. 무로마치 막부는 237년간 유지되었고 수도는 헤이안쿄로서 현재의 쿄토다. 이때 일본 고유 문화를 많이 발전시켰다고 평가받고 있다. 그후 무사들 간의 경쟁이 치열해지는 전국 시대를 거쳐 마지막의 에도 막부가 260년간 지금의 수도에 자리를 잡았다. 그러나 특별한 무사 사무라이는 에도시대의 긴 평화가 이어지면서 칼을 내려놓는 정책을 시작했다. 메이지 9년에는 사무라이가 중심이 되어 신정부를 탄생시켰지만 근대화에 맞지 않는다는 명분으로 칼을 완전히 내려놓는 폐도령이 내려져 사무라이는 완전히 사라졌다. 이 때 메이지 정권의 핵심이자 사무라이들의 대표격인 사이고우 다까모리(西鄉 隆盛)는 정한론을 펼치며 사무라이들을 대변하며 정부군과 싸우다가 자결했다.

　일본인의 할복은 무엇인가? 일본인에 있어서 어떤 일에 책임을 진다는 것은 목숨을 담보로 하는 것이었다. 일본에서 자주도 듣는 잇쇼겐메이(一生懸命)는 일본인을 나타내는 사자성어다. 현대의 의미는 한 가지 무언가를 아주 열심히 한다는 뜻이다. 어원은 〈무사가 영지를 목숨을 바쳐 지키는 것〉이다. 일본인들은 명예와 긍지를 중시하는 문화를 가지고 있다. 이는 잇쇼겐메이(一生懸命) 사상에서 온 것이라고 해도 과언은 아니다. 무가 정권인 막부 시대에는 무사들의 책임을 지는 방식은 할복이었다. 그렇다고 개인이 함부로 할복을 선택하는 가벼운 것이 아니었다. 죄를 지어도 '할복을 허용한다'는 주군의 허락이나 지시가 있어야 했다. 에도시대에는 약 260개 번에서 사건이 일어나서 책임자가 할복하면, 더 이상의 추궁은 하지 않았다. 마치 오늘날 형사제도와 비슷했다. 그러나 그 시대에 주군을 위한다며 가신이 대신 할복하기도 하였다. 마치 국가를 위한다며 돌아올 연료도 싣지 않고 하와이로 날아간 가미카제 특공대의 시초인 듯 느껴진다. 한편으로 주군이 신하를 벌할 때 칼을 직접 내려 자결을 명하기도 했다. 도요토미 히데요시는 후계가 없자 여동생의 아들이자 양자인 도요토미 히데츠구를 후계자로 지목을 했다가 자기 아들이 태어나자 조카에게 후계자 자리를 뺏기 위해서 자결을 명하기도 하였다.

일본은 할복을 한 후 힘들어 할 때, 옆에서 긴 칼로 목을 쳐서 아픔을 경감시켜준다.

할복을 좀 더 세분하면 몇 가지가 있다. 주군의 명에 따른 할복은 명복을 비는 '추복'이라하고, 책임과 의리를 다하기 위해 배를 가르는 것을 '할복'이라 했다. 또 합당하지 못한 억울한 할복을 '원통할복', 원한 상대의 완전무결한 연을 끊는 할복을 '지복'이라고 한다. 할복을 하는데 사용하는 칼은 30센치 이하의 단검만 사용되었다. 물론 오늘날 더러운 정치나 부패로 부하가 자결하는 것은 할복이라 하지 않는다. 시대가 바뀌었으니 할복은 사라진 것일까? 일본인의 책임지는 DNA는 아직도 깊이 남아 있다. 그것은 삭발로서 책임을 지는 풍습이 남아 있는 것이다. 현대의 한국도 결의를 다지는 삭발은 하고 있다. 세계사에서는 삭발의 의미가 나라마다 다르다. 독일이 2차 대전 후 연합군에 협조한 여성들에게 내린 삭발처럼 그것은 형벌의 한 종류였다. 그러나 일본은 반성과 책임에 더 무게를 두는 삭발의 문화로 자리를 잡았다. 할복과는 다르나 모든 일에 책임을 지려는 풍토가 일본은 장인 정신으로 남아있다. 어쩌면 근대 일본의 많은 주식회사 이름이 제품에 책임을 지려는 오너의 이름인 이유일 것이다. 어떤 한 국가의 문화를 떠나서 책임을 지려는 행위는 할복을 미화하지는 않으나 칭찬받을 만한 아름다운 미덕이라 할 수 있다.

일본의 꼼꼼한 지리와 환경 이야기

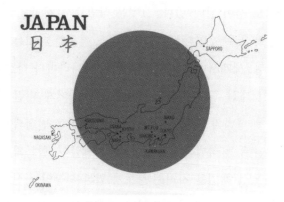

〈집대성集大成〉이란? 이 말은 결코 아주 대단한 것 만의 집합체가 아니다. 여러 체계화 되지 않은 잡학을 모아 하나의 체계를 이루어 완성한 것을 이르는 말이다. 구슬도 연결하여 야만 보물로서 가치가 있듯, 우리들도 일본에 대한 작은 잡학 들을 기억하여 머리 속에 집대성해 보자. 잡학도 모이면 박학 다식으로 인정받고 주위 사람들에게 즐거움을 준다. 특히 일본을 조금 아는 체할 때 잡학으로서 일본의 지리를 알아두면 대화가 더욱 풍성해진다.

일본은 현재 행정구역은 47개의 도도후겐(都道府県-도도부현)으로 되어 있다. 조금은 어리둥절할 47개의 도도후겐(都道府県)을 살펴보자. 첫 번째 도(都)는 하나뿐인 수도 도쿄 도(都)를 가리킨다. (하나뿐인 수도라고? 실은 도쿄는 법적으로 수도라고 규정하고 있지 않은 관습적인 수도이다). 두 번째 도(道)는 하나뿐인 홋카이도(道), 세 번째 부(府)는 두 곳인데 오사카부(大阪府)와 쿄토부(京都府)가 있다.

일본 47개의 도도후겐(都道府県-도도부현)에서 제일 큰 도도후겐(都道府県) 1,2,3위는 홋카이도, 이와테현, 후쿠시

마현 순이다. 거꾸로 제일 작은 순서 1,2,3위는 가가와현, 오사카부, 도쿄도다.

일본의 국토 면적은 약 38만㎢로 세계에서 62위다 (남한 100,210㎢-107위). 한국과 마찬가지로 산악지대가 약 70%다. 특히 화산지형으로 높은 산이 많고 계곡은 깊고 온천이 많다. 다시 말하자면 일본의 최고봉 순위 1위 후지산은 3776m고 ~ 10위의 오오바미미다케산은 3101m다. 우리 백두산은 일본의 10위보다 낮은 2744m이고 한라산은 1947m다. 또 지진과 화산은 관련성이 깊은 것으로서 세계지진 중 약 22%가 일본에서 일어난다.

일본 국토 47도도부현 지도

151

일본의 국토 면적에 있어서 21세기의 방식인 국제 해양법의 배타적 경제수역(EEZ)을 넣은 계산은 447만㎢로서 세계 6위로 껑충 뛰어오른다. 일본 열도를 나눌 때는 크게 네 개의 섬으로 표현한다. 제일 위쪽은 홋카이도, 도쿄와 오사카를 포함한 제일 큰 덩어리 땅은 혼슈, 후쿠오카현이 포함된 왼쪽 아래의 두 번째 큰 섬을 큐슈, 오사카부와 큐슈 사이의 큰 섬을 시코쿠라 한다. 일본 국토교통성에 따르면 섬의 숫자는 1만 4,125개다. 그러나 섬으로 인정하는 까다로운 국제 기준이 있는 관계로 일본은 6,852개의 섬을 가진 국가다.

일본의 기후는 우리보다 유리한 자연 환경으로서 농업이 우리보다 빠르게 발전 하였다. 태풍의 뉴스는 늘 사람들을 불안하게 하는데, 연간 약 25~26개가 발생한다. 그러나 접근하여 비를 동반하며 겁을 주고, 조금의 피해도 주는 숫자는 11~12개이고, 3개 정도가 태풍의 중심부가 상륙하여서 큰 피해를 입힌다. 그 시기는 7월에서 10월이 일반적이다. 필자는 그 때 태풍이 한국으로 오는 길목에서 일본으로 꺾이는 진로를 많이 보았기에 일본에 약간 감사한 마음이다. 일본은 우리나라와 비슷한 약 70%의 산악지대를 가졌지만 농사는 우리보다 일찍 이모작, 삼모작을 하며 발전했다. 그 이유는 기온이 훨씬 따뜻한 것도 있지만 특히 봄의 강수량이 많고 가뭄에 대한 부담이 별로 없었다. 우리는 지금이야 댐이 많아서 큰 도움이 되지만 과거에는 이런 자연적 환경 때문에 조선 시대까지 밭농사의 비율이 훨씬 높았던 것이다. 과거 농경 사회는 생산량이 늘어나면 인구도 함께 증가 했는데 일본의 인구 증가가 우리보다 많이 빨랐다. 에도시대에 벌써 에도(도쿄)는 100만을 넘어서는 세계적 도시가 되었던 또 한 가지 이유다. 이런 농경 사회의 생산량 발전은 에도 막부의 산킨코오타이(参勤交代)와 맞물려 큰 상업의 발전을 가져왔다. 먹고도 남는 잉여 생산물이 있어야 상업이 발전하는 것이 인류의 발전사다.

약 100년간의 전국 시대는 에도시대에 들어오면서 안정을 찾아간다. 사무라이들은 막부로부터 반강제로 칼을 내려 놓게 되었다. 이런 정치적 안정은 자연스럽게 경제가 성장으로 이어졌다. 특히 농업에 있어 시비법[施肥法 비료]으로 크게 생산량이 늘었다. 2장에 일본의 인분(비료)에 대한 글을 썼지만 또 다른 일본과 유럽의 인분으로 인한 재미있는 산업 발달의 해석이 있어 공유를 한다. 시비법의 등장으로 일본의 전국 시대부터 시작되고 에도시대에 정착 된 인분을 모아놓는 화장실이 생기기 시작했다. 일본과 달리 유럽에서는 화장실 문화가 발전하지 못했다. 유럽에서는 가축의 분을 거름으로 사용했기 때문에 굳이 인분을 모아 놓을 필요가 없었으니 화장실 문화도 발전하지 못했다. (관계는 없겠으나 지금도 프랑스는 지하철에 화장실이 없다.) 그래서 유럽에서는 상당 부분 인분을 그냥 거리에 뿌려 놓았다고 하니 벌써 인상이 찡그려진다. 인류는 불편함을 참지못한 사람들이 창조력을 발휘한다고 했는데, 인분의 더러움과 냄새의 창조적 결과물이 하이힐과 향수였다. 하이힐의 용도가 인분을 밟지 않기 위해서 만들어지고, 그 인분의 냄새를 감추기 위해서 향수가 발달 했다니 헛웃음이 나온다. 믿기는 어려워도 창조의 원리로는 합당한 추론이다. 일본에서 인분을 포함한 다양한 시비법[施肥法]이 효과를 거두면서 이모작과 삼모작이 대중화되기 시작했다. 이모작이란 봄에 씨를 뿌려 가을까지는 벼농사를 짓고, 가을에 보리를 심어 봄에 추수하는 방법을 말한다. 이모작은 생산량의 증대를 가져왔고 이 덕분에 기근이 사라지고 가마쿠라 막부 시기에 인구는 급증했다.

과거의 막부 시대의 행정구역도 조금 살펴보자. 근대화가 되기 전 에도 막부의 봉건시대는 약 260개 전후의 번이 있었고 약 260년간 지속되었다. 물론 260개의 번 숫자는 줄었다가 늘었다가를 반복하였다. 제일 큰 이유는 쇼군이 바뀔 때마다 번의 숫자에 변화를 주었고, 막부가 지방 영주인 다이묘

(大名)가 말을 안 들으면 뺏어서 옆의 현과 통합시키기도, 현을 분할하기도 하였기 때문이다. 에도 막부는 평화를 유지 하기 위해서 반란을 일으키지 못하게 하기 위해서 지방 영주인 다이묘(大名)에게 다양한 경제적 지출도 하게 만들었다. 그 중에 하나가 공공사업(인프라 건설, 하천 정비, 상하수도 등 등)을 명령해서 모든 비용을 다이묘들에게 떠넘겼다. 이를 천하보청(天下普請)이라 한다. 오늘날 일본의 제일 중심 도로인 도쿄 – 오사카간 국도 1호선이, 천하보청의 결과물로 메이지시대가 아닌 에도시대에 거의 만들어졌다.

제 5 장

33년 일본에서 관찰한 한국인 이야기

재일동포의 생존과 번영의 역사

역사란 무엇인가?

· 역사란 - 현재를 비추는 거울이고, 미래의 길을 제시하는
  나침반이다.

· 역사란 - 역사가와 사실들의 지속적 상호작용의 과정이
  자 현재와 과거의 끊임없는 대화이다.

· 역사란 - 과거에 발생한 일을 기록한 것으로 한마디로
  '인간이 살아온 이야기다'

수많은 학자들이 역사에 대한 정의를 말하였으나 재일동
포의 역사에 대한 정의에 적합한 말은 없다. 누가 필자에게
재일동포의 역사란 무엇인가? 라고 묻는다면 "그것은 〈아픔
과 조국에 대한 충성〉 이다"라고 말하리라.

필자는 '재일본대한민국민단'(이하 민단으로 표기)에 현
장의 사무부장으로 수년간 근무한 경력이 있다. 누구 못지않
게 깊은 관심을 가졌기에 재일동포의 역사와 아픔과 조국에
대한 충성을 알고 있다. 오늘날 대한민국의 번영 뒤에는 재일
동포의 역사적 팩트와 비화들을 요약해서 공유한다.

잠시 역사를 올라가 보자. 일본이 패전 후 해방을 맞이할 당시 재일 한국인은 220만~230만 명이었다. 곧바로 귀국선을 타고 120만~130만 명은 귀국을 했다. 그러나 100만 명 정도는 귀국을 미루고 일본에 남아서 더 나은 경제적 환경에서 부를 일구어 나갔다. 일본에서 최하류층으로 분류되면서도 혹독한 차별을 견디면서 살아남아서, 조국의 경제 발전에 큰 힘이 되어준 것이다. 조선 시대 임진왜란 시 끌려간 우리 선조들은 일본과의 협상을 통하여 몇 번이고 국가에서 귀국을 독려하여 데려갔었다. 그러나 더 나은 경제적 환경을 알게 된 많은 우리 선조들은 오히려 숨어서 돌아가지 않았다는 역사적 기록을 어렵지 않게 찾을 수 있다. 필자도 어쩌면 33년간 살게 된 배경 또한 선조들의 경제적 이유와 다르지 않을 것이다. 이는 손가락질 받을 짓이 아닌 인간의 본성에 해당한다. 일제 강점기에는 모두가 일본 신민(臣民-황국신민) 이었다. 1945년 일본이 패전 후에는 갑자기 외국인으로 바뀌어 전후 보상에서는 제외되어 버렸다.

민단의 창단 과정은 해방 후 1945년 10월 「재일조선인련맹」 약칭 조련을 결성하였다. 한국내가 신탁통치문제로 좌우대립이 격화되자 친공산주의자들이 난동을 부렸다. 이에 반공 청년을 중심으로 「조련」에서 이탈하여, 「조선건국촉진

청년동맹」(건청)을 결성했다. 1946년 1월에는 같은 반공청년 조직인 「신조선건설동맹」(건동)이 결성되어 건청과 통합이 되었다. 1946년 10월 3일 「재일본조선거류민단」이 발족을 하였다. 1948년 8월 15일 대한민국 정부 수립과 더불어 민단은 9월 8일 한국 정부로부터 대표성을 인정받아 귀국 사업 후원, 민생 문제 지원 등을 위해 GHQ 및 일본 정부와 협상을 하는 정부의 일본 대표기관의 역할을 하였다. 현재의 조직은 도쿄의 1개 중앙 본부, 48개 지방 본부, 265개 지부를 둔 전국 조직을 유지하고 있다. 민단 조직을 통한 재일동포들의 건물 기증도 많았다. 도쿄 대사관과 오사카 총영사관 등 일본 내 한국 공관 10개 중 9개가 1960~90년대 재일동포가 기부한 것이다. 민단의 이름은 「재일본조선거류민단」 → 「재일본대한민국거류민단」 → 「재일본대한민국민단」으로 개칭하여 오늘에 이르고 있다.

재일동포들의 뜨거웠던 조국 사랑과 헌신을 시대별로 알아보자. 아래의 내용들은 민단 관련 재일상공인들의 책 '모국공헌의 시대' '민단 70년사' '민단이 걸어온 길' 등등의 자료를 취합한 내용임을 밝힌다.

〈1950년대〉 재일동포 애국심은 6.25에 642명이 인천 상륙작전과 장진호 전투에 참전한 것이다. 일본에서는 자발적으로 학도 의용군을 조직해서 미군 부대로 쳐들어가 한국으로 보내 달라고 사정한 내용의 책은 눈물 없이는 읽을 수 없었다. 결국 52명이 전사하고 83명이 행방불명됐다. 1959년 8월 민단은 일본 적십자와 북한 적십자 사이에 체결된 「재일조선인귀환협정」으로 만경봉호로 대표되는 북송 사업이 시작되었다. 이에 한국 정부도 할 수 없는 조총련 동포를 악의 구렁텅이에 넣을 수 없다는 일념으로 「북송반대투쟁」을 일본에서 대대적으로 전개했다. 결국은 역부족으로 북송 사업은 93,340 명이 속아서 만경봉호에 실렸다.

〈1960년대〉는 본국에서 「4·19 혁명」, 「5·16 군사 혁명」이 연속적으로 일어나 민단 내에서는 본국에 대한 자세 문제로 일시적인 혼란이 있었다. 1965년 「한일회담」 타결을 둘러싸고 민단 내에서는 찬·반 양론으로 다소 혼란스러웠다. 그러나 본국의 발전을 위해 한일 협정 내용에 순응키로 했다. 1966년 1월부터 1970년 1월까지는 한일 협정에 의한 영주권 신청 운동을 전개해서 신청자가 36만 5천여 명을 돌파하였다. 재일동포들이 자부심을 느끼는 '한강의 기적'은 조국의 산업화에 큰 공헌을 하기 시작한 1961년부터 경제개발 5개년 계획이 시행됨에 따라 70년대에 걸쳐서 이루어졌다. "재일동포들의 모국 투자가 본격화된 것은 구로동 수출산업단지가 조성되면서부터예요. 당시 혁명 정부에 수출산업단지 아이디어를 제시하고, 이를 성공시킨 사람이 일본에서 사업에 성공하여 한국에 진출한 재일동포 1세인 이원만 코오롱그룹 창업자란 사실을 한국에서는 잘 모르고 있어요." (재일동포신문 - 통일일보 강창만 사장 자료). 1963년 1월 8일 한국경제인협회 소속 기업인들과 박정희 국가재건최고회의 의장의 간담회에서 이원만 사장은 한 시간에 걸쳐 수출 산업 육성을 역설했다. 첫 투자의 성과는 1963년 사카모도(阪本) 방적의 서갑호 사장이 달러가 귀하던 시절 천문학적인 자금인 미화 100만 달러를 태창방직 인수 자금 용도로 입금하면서 시작되었다. 구로공단은 1965년부터 1974년까지 조성한 산업단지인데 약 2/3 정도가 재일동포 기업이었다.

1970년대는 한국 최초 수출산업 공업 단지인 구로공단

(서울디지털국가산업단지)에 재일동포들의 투자는 지속 되었다. 1978년 재무부에 따르면 재일동포 모국 투자액이 10억 달러를 넘어, 모든 외국인 투자액 9억 3700만 달러를 앞질렀다.

1972년부터 1973년에는 조총련의 민단에 대한 파괴 공작이 극심하여 위기를 맞기도 하였으나 민단을 아끼는 단원들과 청년들의 노력으로 정상화되었다. 본국에서 일어난 「새마을 운동」에 부응하고자 본국의 150여 개 마을과 자매결연을 하고 10여 억 엔(일화)의 자금을 지원했다. 1975년 7월부터 조총련 산하 동포들의 성묘단을 조직, 본국에 보내기 시작하여 오늘날까지 4만 8천 명에 달하는 조총련 동포들을 민단 조직에 포섭을 한 것이다.

1988년 서울올림픽 때는 100억 엔(당시 한화 541억 원 상당)을 기부하였고 본격적으로 권익 옹호 투쟁을 전개하여 1965년 한일 협정에서 미비했던 법적 지위 향상을 위한 투쟁을 했다. 1986년에는 「지문날인 철폐 100만 명 서명운동」을 전개하여 180여 만 명의 서명을 획득했다.

1990년 이후에는 국제통화기금(IMF) 외환 위기 때도 재일동포는 미화 약 15억 달러를 송금하였다. 우리 정부가 300억 엔의 엔화 국채를 제일 많이 구입하였다. 이 총액은 한국의 범국민 금 모으기 캠페인으로 모은 20억 달러를 상회했다. 2018년 평창올림픽 때도 재일동포는 2억 엔을 모아 평창을 찾았다.

오늘날 재일동포들은 두 부류로 나뉜다. 한일국교정상화 (1965년) 전부터 살고 있던 특별 영주자분들을 '올드 커머 (Old Comer)', 그 후 유학이나 경제적 여건을 찾아와 살게 된 한국인을 '뉴 커머(New Comer)'라고 한다. 뉴커머는 한국의 경제적 여건에 따라서 이동이 많은 편이다. 일본 법무성 산하의 입국관리국의 2020년 말 기준 통계에 따르면, 등록 재일 한국인의 수는 45만 4122명이다. 북한 국적 보유자는 한일정부의 정책적 압박과 깨어 있는 많은 젊은 층이 한국적으로 변경 등으로 급격히 줄었다. 2020년 말 기준으로 북한 국적자는 2만 7214명이다.

기타 참고 자료

- 일본인으로 귀화자 추이

  1960년대는 연간 약 3천 명 규모. 1970년대는 4천에서 5천 명, 1980년 5천 명 규모. 1990년대 들어 점차 증가하여 1995년에는 1만 명을 돌파. 2005년까지 1만 명 전후. 2006년 이후 점차 감소하여 2011년에는 5천 명대다. 지금까지 누계는 약 36만 명이 귀화.

- 혼인에 의한 변화

  ① 1975년까지 동포 간의 결혼 건수가 절반이 되고 87년에 4분의 1이 되었다.

  ② 89년 이후 동포 간 결혼이 12~18%, 2001년에는 10%까지 감소했다. 2005년 이후에는 10% 이하다.

- 거주지과거에는 긴키 지방(오사카를 중심 한 약 7개 현)에 약 50% 가까운 사람들이 거주하고 관동 지방(도쿄를 중심 한 7개 현)에 약 5분의 1이 거주였다. 최근에는 긴키 약 40%, 관동이 약 37%로 변동하고 있다.

- 인구 변동

  ① 재일동포의 인구 변동은 역사를 여실히 입증하고 있다.

  ② 한일 병합 이듬해 1911년에는 2527명

  ③ 일본의 대륙 침략 정책으로 한반도는 인적, 식량 면에서 병참 기지화. 1930년대부터 군국화가 짙어졌다. 만주 사변을 거치고 중일 전쟁이 본격화하는 국가 총 동원 법, 국민 동원 계획, 징용령, 징병령이 한국 내에도 적용되었다. 특히 1940년부터 해방까지 불과 5년간 100만 명에서 150만 명이 어쩔 수 없이 일본으로 건너왔다.

지금 재일동포 민단은 노령화로 많이 힘들어하고 있다. 정부에서도 재일동포에게 일본인으로의 귀화에는 찬성하는 태도지만 역사 속의 충성의 큰 역할을 조국의 국민이 몰라주어서 더 힘들어한다. 지난 약 10년 전부터 교과서에 재일동포의 역사를 실어줄 것을 당부해도 조국은 메아리가 없다. 재일동포는 해외에서 대한민국을 위한 공헌도나 규모로도 가장 잘 조직화돼 있는 애국적 단체다. 그동안 정부도 지원금으로 많이 도와 주었지만 필자는 민단이 노령화로 사라질까 두려워한다. 그것은 대한민국의 근대화를 함께 이룬 역사의 한 부분이 사라지는 것이기 때문이다.

일본 최장수 기업은 한국인의 회사였다.

최장수 기업을 생각하면 수명의 최장수 국가 일본을 떠올리지 않을 수 없다. 왜 일본은 최장수 기업과 수명의 최장수 국가의 명예를 가지는 것일까? 그 출발과 뿌리를 생각해 보니 부지런함과 끈기, 청결이 떠오른다. 우리는 부지런함에 있어서는 일본 못지않게 할 수 있는 것 같은데 끈기와 청결은 간단히 이길 수 없을듯하다. 한국에서 팔리는 '자기 관리' 책에는 일본보다 더 작심삼일(作心三日)을 강조하며 이겨내야 한다고 한다. 그만큼 끈기가 약하다는 것이다. 지금부터 일본인들의 그 끈기로 만들어낸 장수 기업의 역사로 들어가보자. 거기에는 우리 조상의 숨결도 반갑게 만날 수 있으니까.

お得意様各位

拝啓　時下益々なるご繁栄のこととお喜び申し上げます
日頃は弊社に対しまして大変なご愛顧を賜り誠に有難うございます
おかげさまで弊社も平成二九年一月にて創業一〇〇周年を迎えることが出来
ました
こうして一〇〇周年を迎えられましたのは　当日頃から私どもとお取引をい
ただいておりますお得意様方のおかげと心より御礼申し上げます
また長年に渡りお取引いただいております仕入れ先業者の皆様にも大変お世
話になり感謝しております
大正六年に私の祖父が渋谷にて常陸屋の屋号で創業以来　渋谷の街の発展と
ともに大きくしていただき　父の代には渋谷から近隣の区へと商売をさせて
いただくこととなり　私の代では東京はもとより関東近県そして日本国内全
域にまで商圏を広げさせていただきました

本来でしたら一軒一軒のお客様へお邪魔させていただき　ご挨拶をさせてい
ただかなければならないところですが　こちらでのご報告ご挨拶とかえき
せていただくことを何卒ご寛恕ご理解いただけますよう宜しくお願い申し上
げます
これからまた一〇〇年続くような会社を作っていくように益々努力していく
所存ですので　今後とも藤木商店をご贔屓くださいますように宜しくお願い
致します
またこの機会にロゴをあらたにつくりましたのでご披露させていただきます

　　　　　　　　　　　　　　　　　　　　　　　　敬具

平成二九年一月吉日

藤木商店

有限会社　藤木商店
代表取締役　藤木　伸欣

저자가 받은 100년 기념 편지 사진

필자는 일본에서 20여 년간 한식업을 하고 있다. 어느 날 아침 오픈 준비를 끝내고 잠시 있으니 언제나 성실한 우체부가 노크를 하고 들어와 편지를 주고 갔다. 조심스럽게 가위로 잘라서 꺼내보니 늘 계약으로 받고 있는 쌀 집(회사)에서 도착한 편지였다. 내용인즉 〈조부로부터 시작된 쌀가게를 어디서 장사를 시작했고 성실히 사업을 하며 확장을 하여 어느덧 100년이 되었습니다. 이 모든 것은 고객 여러분들의 협조 해주신 덕분임을 잊지 않고 있습니다. 일일이 찾아뵙고 인사 드리지 못함을 죄송하게 생각합니다〉. 철저히 저 자세로 겸손이 뚝뚝 흘러내리는 문체였다. 100년 기업! 너무나 부러운 무형의 가치를 지닌 가업이었다. 흉내를 내보고 싶으나 과욕으로 여러 번의 실패를 경험한 사람에게는 사치이고 너무나 존경스러웠다. 장수기업을 갖는다는 것은 나의 영혼을 담는 큰 그릇이고 대단히 의미 있는 것이다. 100년 기업의 편지를 고이 간직하고 집으로 돌아와 일본의 장수기업을 찾기 시작했다. 제일 먼저 깜짝 놀란 (빅꾸리 ビックリ) 정보가 있었다. 그것은 일본의 최장수 기업이자 세계 최장수 기업이 우리 선조 분이 만든 회사라는 엄청난 정보였다. 무려 1400년 전에 설립된 절이나 신사를 전문으로 짓는 '주식회사 곤고구미(金剛組)'였다. 1400년 전에 우리 선조들이 기능인으로서 대형 건축물을 지었다는 것은 당시의 건축 기술이 일본보다 훨씬

앞섰다는 것을 알 수 있다. 곤고구미의 창립은 일본의 쇼토쿠 태자(성덕 태자)가 사천왕사를 창건을 위해서 백제에 요청해서 오게 된 기능인들이었다. 백제에서 목공 분야의 제1의 장인으로서 특별히 파견되어 오사카에 있는 사천왕사(四天王寺)를 짓게 된 3명 중 1명의 일본 이름이 곤고시게미츠(金剛重光)였다.

곤고구미(金剛組)는 그의 이름을 차용해서 지어진 이름이다. 일본에서 아직도 많은 회사가 창업자의 이름을 넣는 것 또한 곤고시게미츠(金剛重光)가 처음 시작했다고 추론이 가능하다. 사찰이 완성된 후 다른 사람들은 돌아가고 곤고 시게미츠만 일본에 남아서 사천왕사(四天王寺시텐노지)를 담당하며 후손들이 나중에 유지와 증축 등을 하면서 사찰 건축 장인 집단으로 남게 되었다. 자랑스런 우리의 선조들이다. 그러나 역사는 시작이 있으면 끝도 있음을 알려주는 것일까? '주식회사 곤고구미'는 2005년까지 후손들이 경영해 왔으나, 건축 회사의 대형화와 첨단 기술의 접목에 따라가지 못하고 다카마쓰 건설의 자회사가 되었다.

일본의 장수 회사 숫자를 구체적으로 알아보자. 〈2015年 기준〉

* 100년 이상 된 장수 기업 - 26,000사.

* 200년 이상 된 장수 기업 - 1,200사.

* 300년 이상 된 장수기업 - 600사.

* 400년 이상 된 장수기업 - 190사.

* 500년 이상 된 장수 기업 - 40사.

* 1000년 이상 된 장수 기업 - 7사.

이들 장수기업의 98% 이상이 중소기업이다. 일본의 장수 기업의 숫자, 그건 누구나가 꿈꾸는 부러움 그 자체이다. 나로부터 시작된 외형적 기업이, 정신적 자산이 100년을 넘어가고 장수 기업이 된다고 함은 가슴 뿌듯한 일이다. 한국의 장수기업을 찾아 비교해 보았다. 부끄럽지만 한국의 100년 이상 기업은 두산, 동아약품, 경방, 강원여객 4개 회사가 전부이다. 일본의 26,000개 회사 숫자 앞에서는 입도 뻥긋 못하게 초라하다. 혹자는 꼬기꼬기 구겨놓은 그럴듯한 변명을 가지고 있을지도 모른다. 〈일제 식민지 때문이다〉 아니다. 한일 합방 전부터 창업한 회사는 두산과 동아약품밖에 존재하지 않았다. 좀 더 정확한 팩트는 조선 시대 500년은 근대화를 막고 있던 벽이었다고 하면 변명이 된다. 아래의 표를 통해서 우리나라 장수 기업의 현황을 살펴보자.

창업 이후 지속년수	기 업 명	설 립 일	업 종
100년 이상	(주)두산	1896.08.01	음·식료품 제조업
	동화약품공업(주)	1897.09.25	화학제품 제조업
80년 ~ 99년	(주)경방	1919.10.05	섬유제품 제조업
	강원여객자동차(주)	1921.03.28	육상 운송업
	(주)삼양사	1924.10.01	음·식료품 제조업
60년 ~ 79년	대한통운(주)	1930.11.15	육상 운송업
	성창기업(주)	1931.12.07	목재 및 나무제품 제조업
	하이트맥주(주)	1933.08.09	음·식료품 제조업
	금호전기(주)	1935.05.25	기타전기기계 제조업
	대성목재공업(주)	1936.06.09	목재 및 나무제품 제조업
	(주)유한양행	1936.06.20	화학제품제조업
	(주)공영사	1937.01.07	비금속광물 제품 제조업
	(주)한진중공업홀딩스	1937.07.10	전문, 과학 및 기술 서비스업
	대림산업(주)	1939.10.10	종합건설업
	(주)유유	1941.02.28	화학제품 제조업
	일동제약(주)	1941.03.14	화학제품 제조업
	한국타이어(주)	1941.05.10	고무 및 플라스틱 제품 제조업
	남양도기(주)	1943.02.08	비금속광물제품제조업
	목포조선공업(주)	1943.08.20	기타 운송장비 제조업
	한국도자기(주)	1943.12.04	비금속광물 제품 제조업
	(주)아트라스비엑스	1944.02.18	기타전기기계 제조업
	(주)전북고속	1944.04.01	육상운송업
	(주)삼건사	1944.10.10	종합건설업
	디엠씨(주)	1944.10.16	기타 기계 및 장비 제조업
	기아자동차(주)	1944.12.21	자동차 및 트레일러 제조업
	(주)중외제약	1945.08.08	화학제품 제조업
	하이콘테크(주)	1945.10.03	음·식료품 제조업
	(주)디피아이홀딩스	1945.11.01	화학제품 제조업
	대선조선(주)	1945.12.25	기타 운송장비 제조업
	(주)이화테크	1946.03.11	컴퓨터 및 사무용기기 제조업
	삼화페인트공업(주)	1946.04.09	화학제품 제조업
	삼화건설(주)	1946.08.17	종합건설업
	대원강업(주)	1946.09.20	자동차 및 트레일러 제조업
	(주)중앙에너비스	1946.10.01	도매 및 상품 중개업
	동아연필(주)	1946.12.26	가구 및 기타제품 제조업
	일신토건(주)	1947.01.11	종합건설업
	조선내화(주)	1947.05.15	비금속광물 제품 제조업
	대동공업(주)	1947.05.20	기타 기계 및 장비 제조업
	대한사료공업(주)	1947.05.24	음·식료품 제조업
	가온전선(주)	1947.09.24	기타 전기기계 제조업
	삼일제약(주)	1947.10.07	화학제품 제조업
	대한제지(주)	1947.12.06	펄프 및 종이제품 제조업

주: 창업 60년 이상의 비금을 주요기업 (1945년 이전 창업) 대상
자료: 한국신용평가정보의 KIS(Korea Information Service)-value(약 80만사의 정보

우리나라의 장수기업 현황 표

도대체 이 엄청난 차이는 무엇인가를 다시 알고 싶어졌다. 때마침 한국에 일본 중소기업의 주재원으로 근무하는 일본 친구가 적합한 예를 들려주었다. 그것은 한국인들의 마음자세였다. 한국에서 자기는 별로 특별하지도 않은 근무 내용을 지인께 이야기하는 순간 상대방의 눈빛이 비존중으로 (조금의 무시) 달라짐을 자주 느낀단다. 한국인들은 무시하지만, 일본인들은 프라이드를 가지고 깊이 파고드는 디테일한 업무에 관한 이야기였다. 그 일본 친구는 "왜 한국인은 자기 일에 대한 프라이드가 없냐"고 나에게 반문했다. 아! 이것이구나 하며 나는 무릎을 쳤다.

5, 60대 이상이라면 어린 시절 선생님은 당시에 하늘과 같은 존재였다. 그러나 직업관에 있어서 선생님은 내 자식에게는 분필 가루를 마시게 하고 싶지 않다는 말을 습관처럼 하고 다녔다. 일본인들은 대학 교수직을 그만두고라도 가업이라면 하찮은 우동집 하나라도 이어받으러 가는 〈장인정신·匠人精神〉이 있다.

어디 그 뿐이랴? 한국은 어릴 때 꿈을 선생님이 물을 때 대통령, 국회의원, 변호사 등등 비현실적인 대답을 하라고 부모로부터 압력을 받고 자랐다. 3D 직종은 그때부터 시작되었다. 직업을 차별하지 않으면 불효자였다. 이런 마음 자세가 장수 기업을 만들 수 없는 토대가 된 것이 아닌지 돌아볼 일이다. 2차 대전 때의 실화도 전해진다. 도쿄의 유명한 어느 떡 가게에 일본 국방부에서 대량으로 맛있는 떡을 납품해 줄 것을 의뢰했다. 그런데 주인은 깔끔히 거절했다. 이유인즉 "대량 납품이라 돈은 많이 벌 수 있을지 몰라도 지금과 같은 맛을 보장할 수 없기에 국방부에 대량의 떡을 납품할 수 없다"고 했다. 나는 그 큰 돈을 거부할 수 없었을 것 같다. 한국인은 그 큰 돈을 거부할 수 없었을 것 같다. 이 차이가 1592년 임진왜란 후 약 400년간 경제적 부의 극일을 못한 차이를 가져왔다고 생각한다. 한일 간의 100년 이상 기업 [4개 : 26,000개] 회사 숫자는 절대 뒤집을 수 없다. 그러나 디지털 시대에 독서와 창의력으로 우리는 일본을 앞설 수 있기를 희망해 본다.

신오쿠보 이야기 코리아타운 이야기

이 장에서는 세계의 코리아타운이 있는 곳과 일본 코리아타운의 역사, 심층 신오쿠보의 붐과 의인 이수현 씨의 이야기를 하고자 한다. 세계에는 약 750만 명의 우리 동포들이 존재한다. 그 중에서도 조국으로 인해서 아픔도 안고, 번듯하게 충성도 한 동포는 재일동포다. 그 중심에는 뉴커머로서 새로운 활력을 만들어내는 코리아타운 신오쿠보도 있다. 신오쿠보는 한국을 좋아하는 일본 젊은층에게는 〈한류의 성지〉로 불리운다. 어쩌면 이들 일본 젊은층 한 사람 한 사람이 한일관계를 바꾸어 놓은 응원 단장이다. 우리 함께 일본 속 코리아타운의 역사를 걸어보고 만져보자.

먼저 세계의 코리아타운이 큰 규모로 있는 국가를 둘러보자. 일본 - 도쿄, 오사카 / 미국 - 로스앤젤레스. 뉴욕시 / 중국 - 톈진시. 홍콩 / 기타 - 캐나다. 영국. 호주. 독일. 네덜란드. 대만. 태국. 말레이시아. 싱가포르. 베트남 등등에 있다. 물론 세계에도 일본에도 소규모로는 더 많이 있다. 세계의 코리아타운 원조라 할 수 있는 일본은, 관광객 규모로서는 신오쿠보가 제일이라 할 수 있어도 순서로는 오사카가 먼저 생겼다. 신오쿠보는 역사가 짧아 단순하지만 오사카는 원조로서 긴 세월에 걸쳐서 만들어졌기에 좀 더 깊은 잡학으로서 들여다봐야 한다.

오사카의 코리아타운은 한때 이카이노(猪飼野)라는 지명으로 불리던 지역의 한가운데 있었다. 역사를 올라가면 백제로부터 바다를 건너온 사람들이 터전을 잡았던 곳이다. 해방 전후 오사카와 제주도 사이에는 여객선이 생길 정도로 사람이 많았다. 특히 제주도 인구의 1/4이 오사카에 살았다니 가까운 지리적 이주라고 생각할 수 있다. 원조 코리아타운 이카이노는 행정구역상 1973년에 사라지고 몇 개 구역으로 나뉘었지만, 츠루하시가 중심이다. 오랫동안 '조선시장'으로 불리던 출발점 미유키도리 상점가는 거리를 정비하여 새 출발을 하였다. 이제 오사카 코리아타운은 연간 200만 명을 웃도는 사람들이 방문하는 유명 관광지다.

신오쿠보 코리아타운은 일본 최대 규모로 JR 신오쿠보역 앞 오쿠보 도우리에서 쇼쿠안 도우리까지를 칭한다. 필자는 91년에 도쿄에 정착하였으므로 코리아타운의 역사와 겹치는 부분이 많다. 필자가 직접 느낀 부분과 다양한 정보를 취합한 것을 함께 요약해 본다. 신오쿠보 코리아타운의 역사는 1980년대부터 출발점으로 본다. 작은 출발은 신주쿠역 가까운 유명한 가부키초였다. 고급 한국 클럽과 한국인이 운영하는 스낵, 한식당 등이 모여 있던 곳이다. 그곳에서 일하던 수많은 한국 호스티스들은 거주지가 가깝고 월세가 싼 곳을 찾아 신오쿠보에 살기 시작했다. 한편 2000년경부터 가부키쵸에서 불법 사업을 확대하다 입국관리국 적발이 된 한국업체들이 한국인이 많이 사는 신오쿠보로 옮기게 된다. 그 후 신오쿠보를 중심으로 코리아타운이 형성되면서 가부키초와 같은 불법 영업점은 사라졌다. 유학생도 많아지면서 한식 전문점과 한국의 조미료와 식재료를 취급하는 상점들이 들어섰고, 코리아타운은 점점 일본인들도 즐겁게 찾는 건전한 거리로 변화해 갔다. 코리아타운 신오쿠보는 불법에서 법의 테두리 안으로 들어오는 선순환을 만들어 가며 그 원형을 완성시켰다. 그 선순환은 2020년경 도쿄에서 땅 값이 제일 많이 오른 지역이 긴쟈와 신오쿠보라는 발표로도 확인되었다.

일본 한류의 시초는 국민의 정부 시절 일본 대중 문화 개방이 이뤄졌던 1998년으로 거슬러 올라간다. 일본 대중 문화 개방 이후 일본에서 유의미한 흥행을 달성한 최초의 한국 문화 콘텐츠는 1998년에 개봉된 영화 '쉬리'로부터 시작되었다. 그 후 '공동경비구역 JSA', '엽기적인 그녀'. 음반으로는 14살에 일본에 진출한 보아가 한국인 최초 일본 오리콘

차트 1위를 달성했다. 전문가들은 일본 한류의 역사를 1~4차까지 붐을 나누고 있다. 신오쿠보 붐의 역사를 연구하면, 한류 세계화 전략이 더 잘 보일 것이다.

1차 한류: 초기 한류로서 중장년 여성들이 주축이 된 2004년 NHK를 통해 방영된 '겨울연가'다. 겨울연가는 단순한 인기를 넘어 배용준 씨에게 반한 일본 중년 여성들은 그를 '욘사마'라고 칭하기 시작했다. 한국의 방송 업체가 중심이 된 한국 전용 위성방송 'KN-TV'도 생겨 인기를 끌었다.

2차 한류: 2005년 아이돌 그룹 동방신기의 일본 활동을 시작으로 10~20대가 열광하기 시작했다. 그 후 BIGBANG, 카라, 소녀시대가 큰 인기를 얻었다. 2차 한류가 의미가 큰 것은 한국 요리, 패션, 화장품 같은 K-POP 이외의 한국 문화가 일본 여성들에게 확산하는 큰 계기를 마련했다는 것이다.

침체기가 찾아온 이유는 두 가지였다. 첫째, 2011년 3월의 동일본 대지진이었다. 전국이 한동안 재미있는 방송과 즐거운 행사를 완벽하게 자제하는 일본의 독특한 문화였다. 둘째 2012년 이명박 대통령 독도 방문으로 한일관계가 휘청거

렸다. 한국을 미워하던 혐한 그룹인 우익들의 목소리는 크게
번져 나갔다.

　3차 한류: 풀이 죽어있던 일본의 한류는 2017년경 다시
청소년~청년층 사이에서, 방탄소년단, 걸그룹 TWICE가 주
목받기 시작했다. 음식은 치즈 닭갈비, 감자 핫도그 등이 인
기를 얻기 시작했다. 진정한 K-POP의 중흥기라 할 수 있는
'3차 신한류 붐'이었다. 3차 붐이 가치가 있었던 것은, 한일
관계가 외교적으로 여전히 냉각기임에도 일어난 변화였다.
방탄소년단은 글로벌 가수로서, 일본 방송사에서도 귀빈 대
접을 받았다.

　4차 한류: 코로나로 인한 지상파 대신, OTT, 넷플릭스
등을 통한 붐이 만들어졌다. '사랑의 불시착', '이태원 클라
쓰', '사이코지만 괜찮아', '기생충', '오징어 게임' 등은 일본
넷플릭스 상위권을 몇 개월간 독식하였다. 이제 일본의 10대
들의 적극적인 한국 사랑은 '한국인이 되고 싶다' '한국인이
되는 방법' 등으로까지 SNS에 표현이 되고 있다. 4차 붐으로
2023년 현재 신오쿠보 상점은 약 650개~ 점포로 역대 최대
숫자를 찍고 있다.

필자는 신오쿠보역 앞에만 서면 늘 경건해지는 마음이 찾아온다. 그것은 2001년 1월 26일 19시 15분 신오쿠보역에서 일본인 취객을 구하려다 숨진 유학생, 고 이수현 씨의 희생이 있었기 때문이다. 이로 인해 의인 이수현 씨에게 재일동포들은 많은 신세를 지고 있다고 생각한다. 한국인의 이미지를 많이 바꾸어 주셨기 때문이다. 일본에서는 수많은 우리 선조들이 가슴 아프게 숨진 분들이 많지만 이수현 씨처럼 이타적인 행동을 보여준 사건은 거의 없다. 이 사건은 일본인들이 한국인을 바라보는 시각을 바꾼 큰 계기가 됐다. 일본 사회에 큰 충격이자 감동을 울린 것이다.

신오쿠보역에는 그 사건 후 이수현 씨 추모비가 설치되었고 스크린도어도 설치가 되어 있다. 한일관계의 정상화가 모두의 염원이었을까? 당시 일본과 한국에서는 이수현 신드롬이라고 불릴 정도였다. 다양한 추모 행사와 영화 〈너를 잊지 않을 거야〉를 국회의원들이 함께 관람했다. 또 한일관계의 가교 역할을 하고자 했던, 고인이 원하셨던 다양한 기념 사업이 줄을 이었으며 장학재단도 설립되었다. 이러한 아름다운 미담은 많은 사람을 움직였다. 고 이수현 씨는 "天助自助(천조자조)"란 말이 어울릴지도 모르겠다. 고인이 되어서나마 살아 생전의 뜻을 더 크게 이루었기 때문이다. 여기서 필자의

지인이 이수현 씨의 높은 뜻에 감동하며 봉사 활동을 하게 된
귀한 사연도 공유한다.

〈신오쿠보역 내 벽면에 설치된 추모비 사진〉

〈일본 거주 한국 부인회 회원들 – 양현숙 씨는 뒷 줄 맨 오른쪽〉

일본 거주 약 30년의 양현숙 씨다. 약 2년 전 이현수 씨 사망 사건의 깊은 내막을 필자에게 듣고, 울먹거리며 뭔가 본인도 일본에서 가치 있는 일을 하고 싶다는 뜻을 이야기했다. 조금 고민 후 신오쿠보역사 내 벽면에 설치된 이수현 씨 동판을 정기적으로 닦는 봉사활동을 권했다. 양현숙 씨는 1초의 망설임도 없이 "예 참 좋아요. 제가 할게요" 마치 누가 그 귀한 봉사 활동을 빼앗아 갈까 봐 두려워하듯이 결정했다. 바로 그 주부터 시작했다. 정기적으로 매주 수요일과 비정기적으로 지나갈 때마다 동판 청소를 정성껏 하고 있다. 정기적으로 한국인 부인회원들과 동판 앞에서 기도를 올리고 함께 청소하기도 한다. 필자는 일본의 정보를 알리는 유튜브 활동에서 일본의 이수현 씨 추모식 영상을 찍어 올리기도 했다. 일본에 사는 한국인들은 늘 이수현 씨에게 마음의 빚을 지고 있기 때문이다.

제 **6** 장

일본, 어디까지 아시나요?
심화편

일본 개혁과 근대화의 출발

메이지 유신은 19세기 중반에 일어난 엄청난 사회 개혁이었다. 조금은 깊어진 역사 공부이고 지적인 대화에 풍족함을 줄 내용들이다. 메이지 유신의 개혁은 아편 전쟁으로 중국이라는 큰 형님이 영국에게 당하는 꼴을 본 후 일어난 개혁의 산물 중 한 가지였다. 일본은 결국 쇄국을 더 할 수 없음을 깨달았다. 일본 개혁과 근대화의 출발은 무쓰히토 천황이 재위한 1868년 (음력) 9월부터 1912년 (양력) 7월까지 45년이다. 이 시기를 역사는 '메이지 시대[明治時代]'라 한다. 우리말로 '명치유신'이라고도 한다. '명치유신'은 막부 체제를 해체시키고 왕정 복고로 중앙 집권 체제로 가는 전 변혁의 과정을 총칭하는 말이다. 메이지 시대의 '무쓰히토'는 메이지 천황 이름이고 '메이지'는 천황의 연호이다. 일본은 천황이 즉위를 한 날짜보다 연호가 시작된 날을 중심으로 기록을 하니 조금의 주의가 필요하다. 위( )에 양력과 음력이 표기된 이유는 일본은 오랫동안 음력을 사용하였으나 메이지 시대가 시작된 후부터 양력으로 표기했기 때문이다. 이는 한낱 달력이 바뀐 것이 아니라 봉건 시대에서 10년만에 강력한 중앙 집권 국가가 탄생한 것이다. 사무라이 계층이 폐도령이라는 법의 명령으로 칼을 내려 놓고 사라진 시대였다. 정부의 많은 중심

각료들이 서양 배우기로 1년 넘게 유럽과 미국을 휘저으며 탈 아시아를 준비하던 시대이다.

그 대표적 서양 견학단이 이와쿠라 사절단이었다. 이들이 돌아와 사회의 모든 시스템을 서구화로 바꾼 시대이다. 일본에게는 메이지 시대가 개혁과 근대화를 함께 이룬 자랑스런 시기였지만, 아시아의 많은 국가는 일본이 일으킨 수많은 전쟁으로 악몽에 떨어야 했던 시대였다.

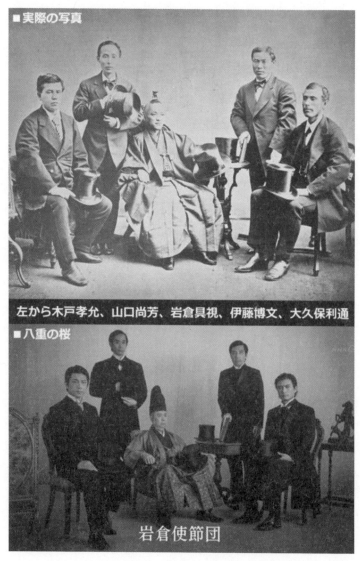

■実際の写真

左から木戸孝允、山口尚芳、岩倉具視、伊藤博文、大久保利通

■八重の桜

岩倉使節団

과거의 사진과 같은 포즈로 찍은 현재의 사진

일본 개혁과 근대화의 출발은 메이지 시대이지만 에도시대라는 260년간 평화의 시대도 조금은 잡학으로 들여다보아야 한다. 에도시대의 반듯한 시작은 임진왜란을 일으킨 도요토미 히데요시가 죽고 시작되었다. 후계자인 아들을 에도 막부의 도쿠가와 이에야스가 전쟁을 일으켜 자결하게 함으로서 새롭게 탄생했다. 우리 역사에 조선 시대 평화의 사절 조선통신사는 전기와 후기로 나눈다. 한국사에서는 임진왜란 이후 평화의 에도시대를 후기 조선통신사로 분류하며 가치 있게 다룬다. 메이지 시대의 출발은 에도 막부의 제15대 쇼군인 도쿠가와 요시노부가 1867년 11월 9일 무쓰히토 천황에게 국가의 통치권을 반환함으로 정리가 되었다. 이를 천황에게 통치권을 돌려준다는 의미의 '대정봉환(大政奉還)'이라고 한다. 이로서 사무라이들이 주역이 된 무가 정권의 약 700년 지배가 끝나며 천황이 전면에 등장하는 메이지 시대가 시작되었다.

에도시대를 무너뜨리고 메이지 시대를 만든 주역은 사쓰마번과 조슈번의 동맹군이었다. 이를 사쵸동맹이라 한다. 사쓰마번은 규슈의 제일 아래에 지금의 가고시마현에 위치한 번이었다. 조슈번은 지금의 야마구찌현이다. 부산에서 제일 가깝고 한국인이 제일 많은 방문지 4위인 후쿠오카현 바로

위 현이다. 메이지 시대를 만든 주역의 사쓰마번과 조슈번은 그 공로를 인정받아 역대 총리 배출 지역 순위에서 상위를 차지한다. 도쿄는 압도적인 1위로 18명, 야마구찌현(조슈번)은 더 공로가 많아 압도적인 2위로 8명, 이와테현은 3위로 4명, 가고시마현(사쓰마번)은 공동 4위로 3명이다. 참고로 단 1명도 총리를 배출하지 못한 현은 21곳이나 된다. 이렇게 일본의 개혁과 근대화는 평화의 에도시대를 건너 정권의 이양 과정에 최소한의 전쟁으로 메이지 시대가 열려 개혁과 근대화가 꽃핀 시대이다.

☆ 메이지 시대 핵심 인물들 소개
메이지 유신 설계자 4걸(요시다 쇼인, 사카모토 료마, 사이고 다카모리, 오쿠보 도시미치)과 메이지 3걸(사이고 다카모리, 오쿠보 도시미치, 기도 다카요시)

*요시다 쇼인 - 요시다 쇼인은 해외 팽창론자였다. 메이지 시대 주역인 조슈번의 출신으로 행동가였으며 그는 메이지 시대의 이론적 뒷받침을 한 가장 큰 공적의 사상가다. (6장의 일본 사상의 뿌리 [요시다 쇼인-吉田松陰]에서 상세 설명 참조)

*사카모토 료마 – 출생은 지금의 시코구의 도사번 출신이다. 사카모토 료마는 실질적으로 일본의 근대화를 이끈 인물로서 평가받는다. 사카모토 료마가 존경받는 중요한 이유가 있다. 메이지 시대를 여는데 필요한 전투부대 사츠마번과 조슈번이 관계가 험악했는데 화해시켜 사쵸 동맹을 이끌어 냈다. 그는 배위에서 천황을 높이 받들자는 대정봉환을 주도하기 위한 핵심의 8개의 책략, 선중팔책(船中八策)을 만들어 후세에 높은 평가를 받고 있다. 또 그는 근대적인 기록을 두 가지를 가지고 있다. 첫 번째는 일본에서 최초로 주식회사를 만든 사람이다. 특히 재일동포인 소프트 뱅크 손정희 회장이 존경하며, 료마의 상징 깃발은 현재 소프트뱅크의 마크로 이용되고 있다.

*사이고 다카모리(4절과 3절에 중복) – 사쓰마번 출신, 존왕양이 반대, 사무라이 계급 철폐 반대, 메이지 정부 주요 각료들이 해외 사절로 나간 사이 사무라이들의 불만을 조선으로 돌리기 위해 정한론을 펼치다 실각. 마지막 사무라이로서 서남 전쟁을 일으켰다. 영화 라스트 사무라이의 모델이다.

*오쿠보 도시미치(4절과 3절에 중복) – 사쓰마번 출신으로 사이고 다카모리의 절친한 친구. 사쓰마 번과 조슈의 삿초

동맹에 공헌. 이와쿠라 사절단[岩倉使節團]을 조직하고 이와쿠라 도모미를 전권대사로 임명하고, 자신은 부전권대사. 독일 비스마르크의 통일 정책을 받아들이고, 콧수염도 흉내를 낸 능력있는 철혈 재상으로 존경받았다. 서남 전쟁에서는 친구 사이고 다카모리를 물리쳤으나 결국 후일 사무라이들에게 살해 당했다.

*기도 다카요시 - 조슈번 출신으로 요시다 쇼인의 제자. 존왕양이 운동에 가담, 사쓰마 번과 조슈의 삿초 동맹에 공헌, 신정부의 관료, 사이고 다카모리의 정한론을 무력화시키며 참의에서 사직하도록 만들었다. 메이지 유신 후에는 신정부에 참여해 페번치현을 추진. 또한 이와쿠라 사절단의 일원으로 유럽 등 해외를 시찰 후 그 경험으로 메이지 시대 정착에 공헌했다. 메이지 시대는 모든 것이 바뀐 시대이다. 서양 열강을 따라잡기 위해 1868년 옛 관제를 철폐시켰다. 천황의 이름으로 '5개조 서문'을 새 정부의 기본 방침으로 처음 발표하고 다양한 변화를 시작했다.

- '5개조 서문' -

1. 모든 일은 회의를 통하여 의논하고 결정한다.

2. 국민 모두가 마음을 모아 국가를 통치한다.

3. 중앙 정부에서 서민까지 각자의 뜻을 이루도록 한다.

4. 과거의 악습을 깨고 천지의 뜻을 기본으로 한다.

5. 전 세계에서 지식을 얻어 황국의 기반을 다진다.

- 메이지유신의 주요 변화 -

1. 근대식 육군과 해군부대를 창립.

2. 기존 막번체제의 사농공상 폐지

   (사농공상 - 무사, 농민, 상인, 공장장)

3. 서양식 공업기술 도입 및 철도 개통

4. 화폐개혁으로 현재의 엔화 도입

일본 사상의 뿌리 [요시다 쇼인-吉田松陰]

요시다 쇼인을 보면서 우리는 '지피지기(知彼知己)'를 하고 있는가를 생각하게 된다. 식민지화가 시작된 일본의 뿌리는 요시다 쇼인인데, 우리가 그를 공교육에서 제대로 배우지 못했기 때문이다. 무능의 고종 황제가 대한제국을 총 한방 쏘지 않고, 저항 없이 일본에 갖다 바치며 식민지화 된 기획자가 요시다 쇼인이기 때문이다.

일본에서 요시다 쇼인 만큼 평판이 엇갈리는 사람은 드물다. 학문의 신인가? 테러리스트인가? 근대화의 혁명가인가? 그러나 그는 메이지시대 근대화를 이끈 정신적 지도자이며, 제일 존경받는 일본 우익 사상의 창시자이며 정치가였다. 한국에서 인물평으로 비난이 압도적으로 많은 이유는 정한론의 주창자였기 때문이다. 정한론(征韓論)이란 정조론(征朝論)이라고도 하는데, 조선을 무력으로 정벌한다는 세계적으로 유행하던 제국주의 시대 일본의 팽창론이다.

요시다 쇼인(吉田松陰 · 1830~1859)을 더 알아보자. 일본 혼슈(본토) 끝자락 야마구치현이 그의 고향이다. 막부시대의 옛 이름 조슈번(長州藩)인 이곳은 현재 인구가 150만 명밖에 안 되는 변방이지만 역대 총리를 8명이나 배출했다. 야마구치현에서 이처럼 총리가 많이 배출이 가능했던 첫째 이유는, 메이지 시대를 이끈 핵심 현이었기 때문이다. 둘째는 요시다 쇼인의 제자들이 메이지 시대 중심인물로서 계보 정치를 잘 이어왔다고 할 수 있다.

* 출생과 어린 시절

[요시다 쇼인]은 1830년에 하급 사무라이 가정에서 출생하였다. 1859년 29세에 사형을 당한 짧고 굵게 살다간 일본의 위인이다. 그의 본명은 요시다 노리가타(吉田矩方)였고, 별명은 토라지로(寅次郎)였으며, 요시다 쇼인은 그의 호였다. 사무라이는 흔히들 제법 폼 나는 높은 직급으로 알고 있으나 여러 계층이 있었다. 그 숫자는 약 7% 정도였고, 하급 사무라이란 평소에는 정식 봉급 없는 경제적으로는 비참하고 농사를 짓고 살았다. 전쟁이 일어나 영주인 다이묘가 부르면 달려가서 칼잡이 노릇을 하는 집단이었다.

그의 어린 시절은 불우하게도 작은아버지 집에 양자로 들어갔다. 다행히도 작은아버지는 뜨거운 교육열로 영재 교육을 시켰고, 먼 장래에 병학 사범 직책을 물려주기로 마음을 굳히고 있었다. 불행은 또 찾아왔다. 요시다 다이스케 작은아버지가 쇼인의 나이 6살일 때 29세로 사망했다. 그 후 다른 작은아버지인 다마키 분노신이 계속해서 쇼인을 키웠다.

* 청년, 행동하는 지식인이 되다.

20대 초반 젊은 청년은 지적 허기를 채우기 위해서 고민하다 두 번의 국내 유학을 떠난다. 먼저 번에 보고 후 규슈와 에도를 오가며 학자들을 통하여 아시아의 큰 형님인 중국의 아편 전쟁 패배를 듣고 자극을 크게 받았다. 그의 호기심은 사쿠마 쇼잔에게 서양 학문도 배우며 국제 정세에 깊이 파고든다. 2차의 유학은 일본 동북부 지방이었다. 이번에는 번에 보고도 없이 유람하며 유명한 학자들과 교류를 시작한 것이다. 돌아온 후 탈 번의 죗값으로 사무라이의 신분을 박탈당했다.

근대화에 대한 호기심과 배움의 열정은 뜨거워 그는 거침이 없었다. 일본의 개방시킨 페리 제독의 흑선이 처음 왔을 때는 불법 승선했다. 선진 문물을 배우고 싶다며 막무가내 미국에 데려가 달라고 요구를 했으나, 막부와 원만한 관계가 필요했던 페리의 거절로 감옥에 갇혔다. 감옥에서도 그는 죄수들에게 논어와 맹자를 가르치며 큰 선생의 역할을 했었다. 그의 지력은 20대 중반에 벌써 지적 깊이가 특별했다. 감옥 생활 중 밀항을 하게 된 동기와 사상적 배경을 중심한 명저 유

수록(幽囚錄)을 썼다. 그 책에는 일본의 북해도의 개척의 필
요성과 오키나와 조선 만주의 점령, 대만과 동남아까지도 접
수해야 한다는 팽창주의를 기록한 것이다. 이러한 그의 사상
이 정한론과 연결되고 제국주의의 토대를 만드는데 큰 영향
을 끼쳤다고 보는 것이다.

요시다 쇼인의 신사는 필자가 방문한 도쿄 세다가야구와
고향인 야마구치현 하기시 두 곳에 있다.

* 후진 양성과 메이지 시대 정신적 지도자의 길

그는 요즘 말로 일본 국수주의자들이 반할 수밖에 없는 천재적 지도자였다. 요시다 쇼인이 오늘날까지 역사에 큰 발자취를 남길 수 있었던 이유는 교육이었다.

출소 후 그는 본격적으로 후진 양성에 힘을 쏟는다. 작은 아버지로부터 물려받은 〈쇼카손주쿠-松下村塾〉라는 사설 학교(서당)를 지금의 야마구치현 하기시(萩市)에서 시작하였다. 그가 학문의 신으로도 불린 이유는 사설 학교를 약 2년간 운영하며 메이지 시대의 중심이 되는 90여 명의 제자를 길렀기 때문이다.

〈쇼카손주쿠〉 출신자를 살펴보면 마치 일본의 하버드대학인 듯 하다. 출신자 92명 중 2명의 총리(이토 히로부미, 야마가타 아리모토)가 있다. 장관은 4명 (마에하라 잇세이, 야마다 아키요시, 노무라 야스시, 시나가와 야지로)이나 포함되어 있다.

그 외도 일본의 역사에 남는 유명 인사 20여 명이 근대화에 큰 역할을 했다.

페리의 압박으로 시대는 쇄국에서 소극적 개방으로 빠르게 변화하고 있었다. 요시다 쇼인은 행동하는 과격한 지식인이 되어 있었다. 시대의 큰 물결의 중심에서 존왕양이(尊王攘夷)론을 외쳤다. 〈존왕양이〉라 함은 막부를 없애고 천황의 이름을 높여(존왕) 서양 세력 오랑캐를 물리치자(양이)는 운동이다. 〈존왕양이〉는 메이지 유신의 사상적 토대였다. 요시다 쇼인은 일본을 새로운 나라로 만드는 정신적 지주 역할을 시작한 것이다. 이 운동을 전개하는 과정에서 그의 과격성은 테러리스트의 면모도 보여주었다.

일본은 소극적 개방에서 이제 적극적 개방으로 바뀌고 있었다. 에도 막부 시대 1858년 미일 수호통상조약이 체결되었다. 이 과정이 조정(천황)의 허락이 없었다는 이유가 전국에서 반 막부 운동으로 이어졌다. 요시다 쇼인은 막부에 불만을 품고 마나베 아키카츠(間部詮勝)의 암살을 시도했으나 실패했다. 죽음이 가까이 오고 있었다. 대대적인 반 막부 운동의 진압이 시작되었다. 이 과정에서 암살 계획이 밝혀지자 요시다 쇼인은 구속되어 1859년 11월 21일 에도에서 과격한 테러리스트로 지목되어 29세에 처형되었다.

1922년 일본 정부는〈쇼카손주쿠〉를 국가 사적지로 지정을 했다. 그 후 야마구치현이 고향인 故 아베 총리는 버전업을 시켜 '일본의 근대산업화 유산'을 명분으로 2015년 7월 세계문화유산으로 등재시켰다.

신도(神道)와 불교의 습합

"우리는 왜 이웃의 잘 알려지지 않은 역사와 문화를 더 공부해서 밝히려 하는가? 그것은 서로의 역사와 문화를 통하여 상처를 치유하고 화해하여 발전적 미래를 함께 꿈꾸고자 함이다"

신불습합은 「신과 부처는 일체이다」라고 하는 종교 사상이다. 종교적 습합이란 젊은이들에게는 조금은 생소한 우리들에게는 경험하지 못한 단어다. 사전적 의미를 정리하면 '철학이나 종교에서, 서로 다른 학설이나 교리의 장점을 받아들여 알맞게 조화시켜 공존함' 이라고 정의한다. 한 국가를 안다는 것은 정신 세계도 안다는 말이여야 한다. 일본의 종교를 잡학으로 알려면 먼저 전통 종교인 신도(神道)를 알고 불교의 유입 과정을 알아야 한다. 불교는 우리가 잡학으로 많이 알고 있기에 신도 중심으로 설명을 해보자. 신도의 기원은 원시 사회의 모든 종교의 기원이 조상신을 섬기는 데부터 기원이 있듯이, 일본 열도에 토착이었던 민족의 자연 숭배가 신도의 가장 원류로 보고 있다. 신도에서 믿는 산, 폭포, 나무나 돌 등이 있는 반면에 대자연이나 불교, 도교 등의 인물들도 있다. 이는 원시적 종교에서 신도와 불교의 통합인 〈신불습합〉으로 불교의 신들도, 도교의 신들도 추가되어있다. 또 유명한 여러 위인도 있다. 특이한 신사 중에는 유명 장군이 입은 갑옷만을 모시는 신사도 있다. 신도의 신(神)들은 팔백만(八百万)이라 한다. 일반 기독교 등에서 유일신을 믿는 것에 비하면 상상이 안된다. 그러나 그 팔백만(八百万) 이라는 숫자로 인식하면 공부를 잘못한 것이다. 그 어원은 많다는 의미를 가지고 있기 때문이다. 우리가 큰 부자를 백만장자라고 할 때 숫자가 100만이 아니듯, 신도의 신의 숫자도 800만은 '아주 많은~'이라는 뜻이다. 현재 우리가 인식하는 신도는 불교나 기독교가 가진 이론을 가지지 못했다. 에도시대의 국학자들이 연구로 시작되어 메이지 시대에 정리가 된 것이라고 하니 비교적 새로운 개념이다.

신사 입구에 반드시 있는 도리이(鳥居)

기독교의 상징적인 건물이 교회고, 불교의 상징적인 건물이 사찰이라면 신도(神道)의 상징 건물은 신사다. 신도는 천황이 현인신으로 추앙받고 있었던 종교다. 물론 2차 대전 패전 후 맥아더 장군에 의해서 천황이 신이 아니라고 인간 선언을 했고 국가와 종교를 완전 분리를 시켰다. 그러나 국민들의 정서 속에는 천황이 준 현인신 정도로 아직 남아 있다. 우리나라가 식민지 시대 아버지나 할아버지 세대는 일본에게 신사 참배를 강요를 받아서 큰 아픔이 되기도 한 종교다.

종교의 세계화 과정에서 습합을 공부하다 보면, 하나의 교리와 한줄기의 문화가 전해지는 과정에서 넓은 바다를 건너고 높은 산을 넘는다. 이 세계화의 과정에서 모든 종교는 자기가 가진 사상의 양보 없이는 불가능 했음을 알수 있다. 그 국가의 기존 문화와 사상적 유산을 어느 정도 수용, 습합 없이 종교의 확산은 어려웠다는 것이 인류 종교사이다. 이 때 두 문화가 절충하는 과정에서 제3의 문화를 만들어가기도 한다. 이러한 발전 단계를 거치면서 세계화가 되니 한 종교만의 순수한 사상은 있을 수 없다는 것이 정론이다. 역사적 예로는, 고대 이집트의 각 도시와 지방의 신과 신화, 신학들을 혼합하여 제 3의 강력한 신앙을 만들기도 하였다. 16세기에는 무굴 제국의 구루나나크가 이슬람교와 힌두교의 요소를 혼합하여 시크교를 창시했다. 유대교에서 파생된 가톨릭과 개신교는 대중성을 가지며 세계화되었는데, 반대로 전통만을 고수하는 유대교는 이스라엘만의 민족 종교로 남아있다.

일본 종교의 신불습합에서 불교가 538년 백제로부터 일본에 전해지기까지 많은 어려움이 있었다. 성덕태자 시절의 조정은 불교의 수입을 반대하는 배불파와 불교를 수입하자는 숭불파가 대립하고 있었다. 용명 천황이 죽자 바로 두 파는 불교의 수입을 둘러싸고 전쟁을 치렀다. 성덕태자는 숭불파로서 불교 수입의 최대 공헌자이자 외할아버지뻘 소가 씨가 승리했다. 이 사건으로 일본에 찬란한 불교 문화의 시대가 열렸다. 성덕태자는 불교를 포교하기 위하여 개인 재산을 털어 법륭사, 고류지, 시텐노지 등등 절을 많이 지었고, 17조 헌법을 만들며 선악의 기준을 불교 교리에 두며 적극적인 지원을 하였다고 전해진다.

그러면 신도와 불교의 습합은 언제 되었을까? 나라 시대(710~794)에 습합이 되었고 헤이안 시대 중기 이후로 성행하였다. 나라 시대는 일본의 불교 문화가 화려한 꽃을 피우며, 중국 문화가 적극적으로 수용된 시기다. 일본에서는 불교 사찰 안에 신사를 상징하는 '도리이'가 있고, 신사 경내에 불당이 세워졌다. 일본에서 신불습합은 왜 생겨났을까? 믿겨지지 않겠으나 원래 신도를 믿었던 천황과 귀족들도 불교를 배우기 시작한 것이 하나의 원인이라 한다. 나라시대 신불습합은 되었다고 하나 세월이 흘러 메이지 시대에 정부 각료는 걱정이 생겼다. 불교의 교리에 부처가 사람들을 구하기 위해 신이라는 임시 모습으로 나타난다는 설이 확산되었다. 신도의 현인신인 천황을 불교에서 떼어 내어야 했기에 메이지 정부가 신도를 국교로 하기 위해 '신불분리령'을 내려서 불교를 탄압하게 되었다. 전국의 사찰의 불상은 목이 잘리기도 하였고 스님들은 강제로 하산시키며 학대를 했다. 메이지 시대에 국가 신도라는 것이 생겨났고 제2차 세계대전을 거치면서 맥아더에 의해서 국가 신도는 폐기되어 현재에 이르게 되었다. 현재는 국교(國敎)로서 특별히 지정하여 온 국민에게 믿게 하는 종교는 없는 것이다. 역대 천황은 쇼화 천황이 인간 선언을 했으나 日本의 국교였던 '신도(神道)'의 현인신이였고 역대 총리는 신도의 독실한 신자이자 '신사본청(神社本廳)' 신도의원연맹 회장직을 가졌다. 특히 고인이 된 아베 신조 일본 총리 때 기준으로 내각 각료 20명 중 19명이 신도의원연맹 간부 회원이었다. 헌법에서는 국교(國敎)가 없어졌으나 모두가 관습적 신앙은, 정치인은 메이지 시대로부터 이어온 국교(國敎)인 신도의 신도라 할 수 있다.

그럼 일본의 신도와 불교의 신도 교세는 어떨까? 2021년 일본에 있어서 신도와 불교의 신앙인의 숫자를 조사한 바에 의하면 약 50:50라 할 수 있다. 세계는 일본의 원시적 전통 종교인 신도를 분류 항목에 넣기는 어색했을까? 일본을 불교 국가로 분류 한다.

마지막으로 신도의 건물인 신사의 등급을 보자. 신사의 분류는 신궁(神宮), 궁(宮), 대신궁(大神宮), 대사(大社), 사(社)~ 가 있다. 그 판단 기준은 신사에서 모시는 대상의 신, 역사, 유서 등이다. 1등급인 신궁(神宮 진구우)이란? 가장 귀한 곳으로서 황실의 조상이나 천황 등을 제사 드리는 곳으로 1등급 사호(社号)를 말한다. 신궁(神宮) 은 일본 전통신앙 신도神道 본산인 〈이세신궁伊勢神宮〉이다. 신궁은 규모나 여러 모로 일본의 최고의 역사서 〈일본서기日本書紀〉의하면, 일본 창세 신화 태양의 여신·아마테라스 오미카미가 2000년 전에 이세시에 신궁의 자리를 잡았다고 전해진다.

정(情)의 문화와 칼(刀)의 문화

'정(情)의 문화와 칼(刀)의 문화'는 한국과 일본을 가장 대표하는 정서일 것이다. 필자는 아직도 일본 칼의 문화에 아파할 때가 자주 있다. 우리는 다국적 시대, 다문화 시대에 살고 있다. 그러다 보니 지금까지 우리가 갖고 있던 고정관념이 불변인줄 알았는데 그렇지 않음을 뒤늦게야 알았다. 특히나 해외 여행을 많이 하면서부터다. 한마디로 말해서 국제 표준에 우리가 많이 어긋남을 알았고, 우리가 지금까지 가지고 있었던 고정관념이 비효율적임을 알았다.

한국인은 아직도 첫 만남에 나이를 많이 물어본다. 서로가 나이를 의식하는 것이 다른 국가보다 습관화되어 있다. 마치 나이가 많으면 위고 적으면 아랫사람이 된다. 즉 능력으로 대하지 않고, 아랫사람은 함부로 취급받아도 되는 듯하다. 이러한 우리의 문화는 오랜 유교 문화에서 길든 모습이다. 〈長幼有序-장유유서〉는 오륜(五倫)의 하나다. 인간 관계에서 질서가 있어야 한다는 분명 아름다운 교육이다. 정확히는 〈長幼有序 장유유서〉는 사회의 윤리가 아닌 가족 구성원에서, 확대한다면 친척 구성원에서의 윤리의 가르침이다. 일본에서는 나이로 상하를 구분하는 것은 상상할 수 없는 일이다. 회사에 들어가서도 나이보다 그 직업군에서의 연공서열과 능력으로 대우한다. 어제까지 친구지만 먼저 승진을 하면 바로 존칭으로 들어가는 사회가 일본이다. 어느 것이 정답인가의 문제는 아니다.

필자는 나이가 30살 때 일본의 30대가 성공해서 TV에 나오는 것을 보고 쇼크를 받았다. 다름이 아닌 나의 게으른 삶이 확인되었기 때문이다. 세월이 많이 흘러 철이 들어서야 능력이 있는 어린 사람에게 겨우 예우를 할 줄 알게 되었다. 이러한 잘못된 나의 태도는 오랜 세월 〈長幼有序 장유유서〉가 바탕에 깔린 정서였다. 물론 모든 문화에는 장단점이 있기 마련이고 우리의 아름다운 문화는 유교 문화를 바탕으로 하고 있으며 정(情)의 문화는 더없이 푸근하다.

일본에서 경험한 대표적인 '정(情)의 문화와 칼(刀)의 문화'를 소개한다.

약 15년 전의 일이다. 40대 중반의 일본 여성 지인에게 전화가 왔다. "박상(씨) 며칠 후 한국에서 친구들이 여러 명 오는데 걱정이네요" 조금은 예상을 하면서도 "무슨 걱정이 있어요 괜찮을 거에요 불편한 일이 있으면 연락 주세요". 드디어 그날이 왔다. 따르릉~ 전화기에 지인의 이름이 뜨자 대강은 '정의 문화와 칼의 문화'가 충돌하고 있음을 직감했다.

"박상! 한국사람들 왜이래요?"
"왜 그러세요. 어떤 실례가 있었나요?"
다짜고짜 언성이 높아지고 있었다.
"박상! 내가 언제 자기들보고 홍삼을 사달라고 했나요? 왜 큰 거 두 박스나 사와 가지고 식당에 가서 돈도 안내고, 목욕탕을 가서도 돈을 안내는 거에요?"
웃음이 나왔다.
"웃지 말고 도와주세요. 왜 그래요?"
차분히 말했다.
"오늘 돈을 낸 것은 어쩔 수 없으니, 일본식은 본인이 돈을 내는 거라고 한 마디 하면 알아들을 거예요."

지인은 화가 난 채로 전화를 끊었다. 이것이 '정의 문화와 칼의 문화'의 충돌이다. 한국인은 부탁을 받은 적도 없지만 비싼 홍삼을 두 박스를 사 갔으니 일본인 친구로부터 배려를 받고 싶었다. 한편 일본인 지인은 배려는 감사하지만 '서로 간의 계산은 계산이다.'라고 선을 긋고 있었던 것이다.

'정의 문화와 칼의 문화'에 대해서 경험한 한 가지 일화를 더 소개하겠다.

필자의 일본 집은 단독 주택이다. 일본에서는 대단위 아파트 단지는 찾아보기 힘들다. 새 집으로 이사 후 한국을 다녀온 어느 날이다. 주위에 다섯 집 정도에 한국에서 사 온 1000엔 정도의 작은 선물을 돌렸다. '칼의 문화' 속도는 사무라이가 적을 보고 칼을 뽑을 때보다 빨랐다. "박상 잘 먹었습니다. 이거 받아주세요" 하면서 작은 선물을 가져왔다. 필자가 선물한 다음 날부터 3일 내로 모두 가져온 것이다. 한마디로 칼이다. 선물 내용을 보면 더 놀란다. 다섯 집 모두가 받은 금액 가치를 계산해서 비슷하게 가져온다

이것이 칼의 문화라면 우리 정의 문화는 어떤 것인가? 1000엔분의 선물을 받았다면 이자를 붙여서 훨씬 더 많이 주거나, 양파 몇 개를 주기도 할 것이다. 적다고 느끼면 다음에 한번 더 보충하기도 한다. 시기는 대개 일주일 이내로 가져오나 한 달 후에 가져오기도 한다. 정(情)의 문화와는 칼(刀)의 문화와 다르게 몇 달 후, 김치처럼 숙성을 시켜 가져와도 웃으며 납득하는 문화다. 일본 칼(刀)의 문화는 모든 것을 정갈하게 잘라 놓아야 직성이 풀린다. 칼(刀)의 문화를 종

교적 해석으로도 가능하다. 전통 종교인 신도(神道)는 신세를 지고 털어버리지 않으면, 청결하지 않으면 죄(罪)의식을 가지는 문화다. 흔히 일본을 관광해서 느끼는 첫 번째 인상이 청결함이다. 이는 신도의 종교적 가치관에서 나오는 것이다. 일본인들은 특히 공적인 영역에서 정리 정돈을 하지 않으면 칼(刀)을 맞을까 걱정하는 국민성이다.

칼의 문화 특징 중 하나는 나이가 우선 순위가 아니라는 점이다. 정情의 문화의 결점은 때론 능력 우선주의와 인격을 무시하는 것으로 나타난다. 이런 폐단을 지적한 책이 〈공자가 죽어야 나라가 산다〉이다. 제법 공감대를 얻어 베스트셀러가 되었다.

일본은 효율을 앞세우는 조직 국가이다. 전체주의 사고가 철저히 몸에 밴 사회이고, 문화로 자리를 잡았다. 사무라이의 생(生) 사(死)는, 실력으로만 평가받는 사회였다. 이렇게 문화가 다르면서도 같은 것은, 한국도 일본도 '혈통 중심' 사회이다. 인류 역사상 가장 오래된 통치 형태인 '군주제'도 혈통 중심으로 되어 있다. 이러한 역사 속 이웃하는 한국과 일본은 정情의 문화와 칼(刀)의 문화로 다른 길을 걸었다.

한국인은 정情 이라는 매개체로 금방 사이 좋은 관계를 맺는다. 하지만 일본은 다르다. 칼의 문화는 가까이 가면 다칠까 봐 깊이 사귀는 데 시간이 많이 걸린다. 칼로 선을 그어 놓은 듯, 보이지 않는 '공기의 힘'이 존재하기 때문이다. 평생 같이 사는 부부간에도 넘을 수 없는 칼刀의 문화가 있음은, 일본의 독특한 문화다. 결론적으로 한국과 일본의 문화는 다르다. 다르기에 배울 것이 있고 보완적 관계인 것도 분명하다.

평화의 사절 조선통신사

결혼 상담 전문가들은 행복하게 오래 사는 커플은 서로 다른 장점이 있는 부부란다. 한국과 일본은 서로가 확실히 다른 장점이 있는데 언제가 되면 행복한 이웃이 될까.

한일 간에는 선조들로부터 물려받은 행복했던 평화의 〈조선통신사〉 시절이 있었다. 여기에는 한일 간의 역사가 품은 훌륭한 문화의 교류와 평화가 담겨 있다. 평화 사절단의 정신은 후손인 우리가 계승 발전시켜야 한다. 이 일을 작은 잡학으로 지일(知日)과 지한(知韓)이 되고, 지적인 대화로 연결되어, 행복한 이웃으로 발전시켜 나가면 좋겠다.

일본인의 얼렁뚱땅 다종교와의 공생

일본인들의 종교관, 신앙관은 정말 얼렁뚱땅처럼 보인다. 잡학으로도 참 재미있는 일본인들의 신앙관이다. 일본의 전통 종교을 폄훼하는 것이 아니다. 종교의 가치는 교리도 중요할지 모르지만 선을 확산시키는 것이 목적이라 할 수 있다. 모든 사람에게 사랑과 자비를 베푼다는, 위하여 사는 것이 중요하다. 더 앞선 덕목으로는 남에게 먼저 피해를 입히지 않는 것이다. 이런 측면에서는 일본인이 어떤 신앙을 갖고 있든지, 남에게 피해를 주지 않으려는 국민들의 그 순수함을 충분히 느낄 수 있는 나라이다.

어떤 나라나 종교는 그 나라 사람을 이해하는데 가장 중요한 키워드다. 종교는 국민들 마음 속 깊은 곳을 지배하는 이데올로기이다. 유일신을 믿고 있는 종교인들은 일본인들의 신앙관이 어이가 없을 지경이다. 한 사람의 인생에서 전통 종교인 신도와 기독교와 불교를 섞어찌개처럼 신앙을 편리한 대로 액세서리를 걸친 것처럼 보이기 때문이다. 일반적으로 종교는 자연을 믿는 원시 신앙으로 시작하여, 유일신을 믿는 고등 종교로 대체되는 수순을 밟지만 일본은 다르다.

일본인들의 신앙관의 비판을 잠시 접어두고, 먼저 일본 종교의 신자수 분포를 살펴보자. 2020년 12월 시점에서 문화청『종교연감』에 의하면 전통 종교인 신도(神道, 신사)계가 8792만 명(48.5%), 불교계가 8397만 명(46.4%), 기독교계가 191만 명(1.1%), 기타가 733만 명(4.0%)이다. 총 1억 8114만 명으로 집계되어 일본의 총인구 약 1억 2600만 명을 넘어선다. 신사 건물은 8만 4000개가 넘고, 불교 사찰은 7만 6000개이니 비슷한 숫자다. 신도(神道, 신사)와 불교가 전체의 95%로 압도적인 비율을 차지하고 있다. 그 이유는 고대 아스카 시대에 백제로부터 불교를 들여와 신도와 습합시켰으므로 함께 성장한 것이다. 이러한 신불 습합은 민간에게도 큰 영향을 끼쳐서 집에도 신단과 불단이 공존하기도 한다.

그러면 세계적 종교인 기독교가 왜 이리도 일본에서 맥을 못 추는 것일까? 포교가 늦게 시작 된 것도 아니었다. 일본 기독교는 16세기 중반쯤으로 한국보다 훨씬 빠르게 들어왔다. 한때는 규슈 지역을 중심으로 급격히 신도들이 늘어났다. 임진왜란 때는 고우니시 유끼나가는 신부님을 모시고 다니면서 조선인들을 칼로 베고 다녔다. 그럼에도 기독교 인구가 전체의 1%도 되지 않는 것은 이해하기 힘든 부분이다. 간단하게 설명하면 오랫동안 영주를 중심으로, 위로는 쇼군을 하늘

같이 생각하면 살았던 일본인들에게 하나님 사상이 들어가자 막부를 두려워하지 않았다. 이에 위기 의식을 느낀 막부시대는 길고 혹독한 탄압으로 기독교의 성장은 싹이 잘린 것이 주된 이유다.

또 다른 이유를 일본 도시샤대학교 신학부의 '하라 마코토' 교수가 학술 세미나에서 한 발언을 참고로 보자. 일본 메이지 정부는 민족 종교인 신도(神道)에 대해 "신사는 종교가 아니다"라고 선언했다. 신도(神道)에게 신령의 대표자 격인 제사(祭司)로 규정했고, 이후 신도는 불교를 포함한 모든 종교의 최상위에 있었다. '하라 마코토' 교수는 "일본의 기독교는 전도를 하지 않았던 결과로써 1%대가 아니다. 기독교의 자각적인 신앙 고백에 기반한 개인으로서의 신앙이 일본의 일반적인 종교 문화와 융화력, 친화성을 가지기 어려웠기 때문"이라고도 했다. 메이지 시대부터 천황의 위치는 정치와 군사의 총괄자이며, 신도를 기반으로 한 신앙의 대상이 되기도 했다. 이때부터 신도의 힘은 더 커졌고 국교화 정책이 착착 진행되며 기독교의 입지는 설 자리가 없었고 불교는 무덤을 지키는 종교로 정착되었다.

이제 일본인들의 신앙관의 비판을 마음껏 해보자. 일본인들은 보통 태어나서 신도의 신사를 간다. 결혼할 때는 기독교의 교회에서 폼 나게 결혼식을 하고, 사진을 찍는다. 사망 시 거의 100% 화장을 하는데, 장례를 신사에 맡기지 않고 약 94%가 불교식으로 하고, 사찰에 묘지 관리를 부탁한다. 일본인들은 우리로서는 얼렁뚱땅 신앙으로 보여져 이해가 쉽지 않지만 일본인들은 이처럼 다종교를 갖는데 거부감이 없다.

연간 일정을 간단히 보면 정월 초하루에는 신사에 가족 모두가 가서 인사인 하츠모데(初詣)를 올린다. 오봉(お盆 : 양력 8월 15일) 연휴에는 한국의 추석에 해당하므로 사찰에 가서 묘지에 참배를 한다. 크리스마스에는 십자가 목걸이를 걸고 예수의 탄생 캐롤을 부르며 축하한다. 또 기타 많은 공휴일은 천황과 관련된 것이 많으니 신도의 영향이라 할 수 있다. 필자는 33년 간 일본에 살면서 기독교 신자 외에는 사찰이나 신사에 정기적으로 방문하는 독실한 신앙자를 만난 적이 없다. 뚜렷하게 자기 신앙을 가진 비율이 20%도 채 되지 않는다는 조사 결과도 보았다.

일본에서 사찰의 역할은 오히려 관혼상제와 관련한 의식을 불교식으로 수행하는 데에 있다. 결혼식, 장례식 등을 주관하거나 묘지를 관리하는 등의 서비스를 제공한다. 불교를 표방하고는 있지만 불자 공동체의 구심이라기보다는 불교적인 상업 시설이라는 말이 더 어울린다. 주지 스님은 가업이 많고 셀러리맨이었다가 어느 날 갑자기 조금의 공부를 한 후 시작하는 경우도 있다. 일반적으로 종교를 믿는다고 하면 특정 교리에 배타적으로 귀의하고 특정한 종교 공동체에 참여하는 것을 뜻한다. 하지만 일본인들은 상황에 따라 이 종교, 저 종교를 섭렵하는 것에 대해 위화감도 없고 죄책감도 느끼지 않는다. 그러다 보니 신앙을 가진 사람은 적은데도 종교 시설에 드나드는 신자의 수는 인구 전체를 뛰어넘을 정도로 많은 것이다. 필자의 결론은 대다수 일본인은 남에게 피해를 주지 않으려는 따뜻한 마음은 있어도 특정한 종교의 신앙심은 없는 국민이다. 어쨌든 일본인들의 삶에는 아직도 신도(神道)와 불교, 기독교 세 종교가 꼭 필요한 듯 보인다.

에필로그

이 책을 쓰려고 마음 먹은 시간을 거슬러 올라가보니, 1993년 전후 재일한국인 조직인 '민단 民団'에 현장 근무를 하면서 영글어 갔던 것 같다. 필자는 민단에서 재일동포 차별의 역사를 알았고, 조국에 대한 충성의 역사도 알았으나 조국에 대한 서운함도 알게 되었다. 이는 일본 우익들의 혐한도 있었으나, 한국의 리더들이 반일 감정에 치우쳐, 재일동포들을 깊이 이해하지 못한 것이었다.

필자는 학문적 소양이 부족한 터 위에서 미래 지향적 한일 관계를 꿈꾸었다. 스스로에게 '일본 아는 척하기'가 시작된 것이다. 깊은 학문적 기술은 피하고 싶었다. 반일도 혐한도 편들지 않고 싶었다. 서로의 과거사를 내려놓고 따뜻한 시선으로 이웃을 바라봐 주기를 바랐다. 그 답은 잡학이었다.

일본을 아는척 하려면 한일간 우정의 꽃을 피우려면, 역사 속으로 터벅 터벅 사유하며 걸어가 보아야 했다.

최근 지인과 사이타마겐에 있는, 1300년의 역사를 가진 고려 신사(高麗神社)를 찾았다. 책을 출간 전 재일동포의 원류를 한번 더 찾아가 보고 싶었기 때문이다.

고려신사 앞에 크게 서 있는 방문자 이력의 나무 명패에는 여러 일본의 총리와 정치인, 한국 대사와 일부 연예인의 이름도 보였다. 개운이 되어져 출세를 한다고 소문난 신사이기 때문이다. 본당으로 올가는 계단을 조심스럽게 오르자 역사가 덮쳐왔다. 고려왕(高麗王)이라 쓰여 있는 건물 함에 동전 한 닢을 던지자, 어둠 속으로 빨려 들어가는 모습을 보며 나도 함께 오랜 역사 속으로 들어 갔다.

고구려 왕족의 약광(若光) 장군은 약 1300년전 고구려가 망해갈 때 일본에 구원 요청을 목적으로 온 왕족 장군이었다. 나당 연합군의 공격에 고구려의 전세가 기울어 갈 때 약광 장군은 일본에 구원병을 청하고자 왔다. 일본은 백제의 멸망을 막기 위하여 엄청난 전쟁 물자를 소진한 후 였기에 출병을 거절 했다. 억장이 무너지는 청천벽력 같은 소리에 돌아 가지 못하는 한이 장승이 되었다는 것이 고려 신사의 역사다. 이렇게 고대부터 한반도와 일본은 국경선은 바다로 갈라져 분명했으나 서로 돕는 교류가 있어 왔다.

인류의 국경선의 출발은 강이나 산맥을 중심한 자연환경을 중심한 국경이 대부분이었다. 그나마 인구 분포가 많거나 비옥한 토지가 없는 곳은 관리가 되지 않아 국경이라고도 할 수 없었던 것이 19세기 전후까지 국경의 역사였다. 동양의 현자 공자가 50대에 노(魯)나라를 떠나 천하를 주유했다는 것도 다른 여러 나라에 자기를 기용해 달라는 것이었다. 이는 그만큼 19세기 전후까지는 국경과 외국인이라는 개념도 없었음을 잘 알 수 있는 예이다.

　일본은 전국시대가 있었으나 섬나라로서 국경선은 너무나 분명히 한반도와 분리된 국가였다. 그러나 가장 가까운 국가인 한국과 일본은 임진왜란 전까지는 아름다운 문화 교류가 잦았다. 물이 높은 곳에서 낮은 곳으로 흐르듯, 선진 문화 또한 아래로 흐르며 웅덩이 같은 곳은 채워주며 공존했다. 한반도의 선진 문명의 물줄기는 낮은 일본으로 오랫동안 흘러 들어가며 새로움을 창조해 가며 맛난 만남이 오래 지속되었다.

　그러나 오랜 역사가 지나며 국경이 만들어지고 지배와 피지배의 역사가 만들어져 국민적 감정이 만들어 졌다. 유홍준 전 문화부 장관은 〈나의 문화유산답사기〉에서 "한일관계에서 일본은 과거사의 콤플렉스가, 한국은 근대사의 콤플렉스가 있다"고 명쾌하게 정리해 주었다. 우리 후손들은 지금 '반일과 혐한' 해결이라는 묵직한 과제가 주어졌다. 열린 사고로 미움을 이기고 조선통신사 보다 더 오랜 평화를 가져와야 하는 것이 과제다.

　우리의 국민적 감정은 일본에 대해서 임진왜란과 식민지 하의 큰 피해로 꼬이고 응어리져 있다. 그러나 우정을 꽃피우려면 친구와 화해하듯 한쪽 눈을 질끈 감고 마주하며 덕담을 할 줄 알아야 한다.

다산 선생은 "밉게 보면 잡초 아닌 풀이 없고, 곱게 보면 꽃이 아닌 사람이 없으니 내가 잡초되기 싫으니 그대를 꽃으로 볼 일이로다"라 하셨다.

한국에는 오랜 일본인 마을이 부산에만 존재 한다. 그러나 일본을 꽃으로 보려면 고구려인 마을과 백제 마을, 식민지 하에서 만들어진 조선인 마을까지. 한반도인을 피난과 경제적 발판의 터를 제공해 준 나라임을 생각하면 고마움도 조금 싹이 튼다.

필자는 한일간에 우정의 꽃을 오래 오래 피우는데 불쏘시개 역할로 '일본의 잡학'을 택해 소임을 다하고자 했다. 그것이 오래동안 한일교류를 이어온 평화의 사절단 조선통신사와 역사에 묻혀 잘 보이지 않지만 일본에 선한 영향력을 미친 선조분들에 대한 예의라 생각했다. 그 예의의 완성을 반일과 혐한을 걷어 치우며 우정의 꽃 피우고 싶은 것이 필자의 바램이다.

부디 '일본 아는 척하기'라는 책의 작은 잡학들의 소재가 연간 800만명 전후가 방문하는 분들에게 일본을 아는 첫걸음이 되기를 희망한다. 미래 지향적 한일 관계의 작은 디딤돌이 되기를 기대한다.